Gerd Presler · „Brücke" an Dr. Rosa Schapire

„Die Belästigung durch Mannheimer
Kunsthalle ist uns sehr unangenehm",
schrieb Karl Schmidt-Rottluff
am 19. Juli 1919 (S. 68)
an Dr. Rosa Schapire.
Dieses Buch möchte ein wenig
abtragen von dem damaligen Groll!

Gerd Presler

„Brücke" an Dr. Rosa Schapire

Poſtkarte

DRESDEN
25. 1. 1
ALTST.

5
DEUTSCHES REICH

E. Heckel

Kirchner

Pechstein

Schmidt-Rottluff

Fräulein
Dr. R. Schapire
Hamburg
Osterbekstr. / 43

Impressum:

© Städtische Kunsthalle Mannheim, 1990
und Prof. Gerd Presler, Weingarten/Karlsruhe
Gestaltung: Gerd Presler, Rainer Appel

Photonachweis:
Städtische Kunsthalle Mannheim
Brücke Museum Berlin
Altonaer Museum in Hamburg
Hamburger Kunsthalle (Ralph Kleinhempel)
Museum Ludwig Köln (Rheinisches Bildarchiv, Köln)
Leicestershire Museums
The Tel Aviv Museum
Franz Radziwill Haus und Archiv, 2931 Dangast

Gesamtherstellung: Verlag Esther Appel, 6957 Elztal-Dallau
ISBN 3-89165-067-1

Inhaltsverzeichnis

H. M. Pechstein, Ausstellungsplakat mit den Bildnissen von
Schmidt-Rottluff, Heckel, Kirchner und Pechstein, Holzschnitt 1909

Vorwort

Am 1. Februar 1954 verstarb in London die Kunsthistorikerin Rosa Schapire, wohin sie 1939 emigriert war, um der Verfolgung durch die Nationalsozialisten zu entgehen. Sie gehörte bis zu ihrem ungewöhnlichen Tode zu den engagiertesten Verfechtern der Kunst des Expressionismus. Immer wieder setzte sie sich in Vorträgen und Publikationen für die Künstler der "Brücke" ein. Ihre besondere Liebe galt Karl Schmidt-Rottluff, dessen Werke sie sammelte und über den sie immer wieder Texte verfaßte. Sie publizierte 1924 auch das erste Werkverzeichnis seiner Druckgrafik.

Ihren regen Briefwechsel mit den Künstlern der "Brücke", mit denen sie auch freundschaftlich verbunden war, hat sie weitgehend verbrannt, bevor sie ihre Heimat für immer verlassen mußte. Nur ein Konvolut von gezeichneten und gemalten Postkarten, darunter alleine 77 von Schmidt-Rottluff, hat sie nach London gerettet, wohl in dem Bewußtsein, daß es sich bei diesen kleinen Werken um einen künstlerisch wertvollen und interessanten Aspekt im Werk der Künstler handelt.

1957 erhielt die Städtische Kunsthalle Mannheim aus dem Nachlaß Rosa Schapires 17 Postkarten und eine Briefzeichnung, die sie von E. L. Kirchner, Erich Heckl, Max Pechstein und Karl Schmidt-Rottluff zwischen 1909 und 1931 erhalten hatte. Diese Schenkung an die Kunsthalle ist Teil der bei ihrem Tode noch erhaltenen Korrespondenz, die nach ihrem Willen an Museen verteilt wurde, mit denen sie sich besonders verbunden fühlte. Wieso die Mannheimer Kunsthalle so reich von ihr bedacht wurde, läßt sich

nicht mehr eindeutig klären. Vielleicht hat sie das frühe und dauernde Engagement der Mannheimer Kunsthalle für die Kunst des Expressionismus dazu bewogen. Vieles spricht aber auch dafür, daß der ehemalige Direktor der Kunsthalle, Walter Passarge, unmittelbar nach dem Ende der nationalsozialistischen Herrschaft Kontakt mit der in London lebenden Rosa Schapire aufnahm, als er daran ging, die Lücken durch Neuankäufe wieder zu schließen, die in der Expressionisten-Sammlung der Kunsthalle 1937 durch die nationalsozialistische Beschlagnahmeaktion entstanden waren.

Heute wissen wir, besonders durch die Publikationen von Gerhard Wietek, daß es sich bei diesen Künstlerpostkarten nicht nur um wichtige biografische Dokumente handelt, sondern auch um künstlerisch sehr bedeutsame Werke. Die gemalten oder gezeichneten Bildskizzen geben in Verbindung mit den knappen Texten und die durch Poststempel dokumentierte Entstehungszeit nicht selten Aufschlüsse über die Entstehungsgeschichte von Gemälden und mehrere verschollene oder zerstörte Frühwerke Erich Heckels lassen sich nur noch durch Briefzeichnungen belegen, die er an Rosa Schapire übersandt hat.

Im Laufe der Jahre hatten die Postkarten der Kunsthalle durch Ausstellungen, vor allem aber auch durch die schlechte Papierqualität sehr gelitten. Im Anschluß an eine Restaurierung der Karten entstand die Idee, sie zu veröffentlichen. Für die Bearbeitung konnte Gerd Presler gewonnen werden. Im Laufe der Bearbeitung der Mannheimer Karten zeigte es sich, daß es nicht nur wünschenswert, sondern auch wissenschaftlich von Interesse wäre, alle noch nachweisbaren gemalten Postkarten aus dem Nachlaß Rosa Schapires zu bearbeiten und in einer Publikation zusammenzufassen, zumal die erste Veröffentlichung einer Auswahl der Karten durch Gerhard Wietek seit vielen Jahren vergriffen ist.

Gerd Presler hat diese Aufgabe übernommen und alle in den Museen in Hamburg (Kunsthalle, Altonaer Museum), Köln (Museum Ludwig), Berlin (Brücke-Museum), Leicester (Leicestershire Museums Art Galleries) und Tel Aviv (Tel Aviv Museum) befindliche Karten zusammengetragen und bearbeitet. Damit wird erstmals der gesamte Postkartenbestand Rosa Schapires publiziert, soweit er bis heute bekannt ist.

Mit dieser Veröffentlichung bisher zum Teil noch unbekannter Arbeiten der Brücke-Künstler in Verbindung mit den zugehörigen Texten wird auch ein bedeutender Beitrag zur Expressionismus-Forschung geleistet. Dafür gilt dem Autor und den Kollegen der beteiligten Museen Dank, die dieses Vorhaben hilfreich unterstützt haben. Eingeschlossen in diesen Dank sind alle, die mit Rat und Tat und Hinweisen zum Zustandekommen dieser schönen Publikation beigetragen haben.

Manfred Fath

Max Pechstein

Landschaft

Brief
1 Bogen,
zu vier Seiten gefaltet

Inv. G 3954

Berlin 19. März 1909

Wertes Fräulein Schapire,

Mit Recht lesen Sie eine heitre Stimmung aus der Karte, wurde hervorgerufen durch ein kleines Intermezzo, wir hatten gerade unsere gekauften Teppiche aufgehängt und ergötzten uns an den Farben derselben, als es klopfte und ein Mann dastand, sehr dünn und ebenso dünn mit Haaren gesegnet, welcher mich frug ob ich echte Perser-Teppiche kaufe, er nehme auch Bilder

in Zahlung, einigermaßen verwundert
schaute ich diesen Mann an, und so
zählte er mir denn in näselndem Tone
einige Künstler her, welche er mit
Teppichen versorgt, als ich ihm daraufhin
einige Sachen von mir zeigte, frug er
wann er so frei sein dürfte zu kommen,
aber gekommen ist er nicht. Ich hätte Ihr
liebes Schreiben schon eher beantwortet,
wenn ich nicht gerade jetzt den Schnee
noch malen wollte, und nun kamen noch
einige Sonnenuntergänge hinzu welche
mich ganz erschöpften, malen konnte ich
dieselben leider nicht, weil

die 3 Schneelandschaften meine Farben
aufgebraucht, doch habe ich dieselben
aquarelliert, immerhin etwas, einen
erreichte ich mit sehr viel Mühe, wurde
noch vom Herrn Bahnmeister bedeutet,
daß ich den Bahndamm verlassen müßte,
da ich glücklich ziemlich fertig geworden
fügte ich mich dem freundlichen Zureden
dieses Herrn, auch in Anbetracht, daß ich
nicht 6 M. übrig hatte. Ich will Ihnen einen
kleinen Riß »?« geben von dieser
interessanten Aussicht Natur leider fehlt
die Farbe, es sausen immer Züge vorbei
und macht einen das ganz nervös.

Mit herzlichstem Gruß Ihr   M. Pechstein

11

Vorwort

Am Anfang stand die Absicht, die 17 „Brücke"-Postkarten, welche Dr. Rosa Schapire der Städtischen Kunsthalle Mannheim vererbte, zu dokumentieren; dies um so mehr, als solche Gelegenheitsarbeiten immer gefährdet sind: Der „Zahn der Zeit nagt"; Lichteinfall führt zu farblichen Veränderungen; das zumeist holzhaltige Papier dunkelt nach.

Schon bald zeigte sich, daß nicht nur die Kunsthalle Mannheim, sondern sechs weitere Häuser von der Hamburger Kunsthistorikerin bedacht worden waren. So erschien es sinnvoll, auch deren Bestände – jedenfalls schwarz/weiß – heranzuziehen. Dieser Sammelvorgang zog sich lange hin, bis endlich am 22.10.1988 die letzten vier Photos aus Tel Aviv eintrafen. Damit kann erstmals (wieder) auf das gesamte Material zurückgegriffen werden. Welche Bedeutung es hat und zu welchen Einsichten, Klärungen, Neuentdeckungen es führt, bleibt abzuwarten. Daß viele Fragen besser als bisher weiterverfolgt und vielleicht einer Lösung zugeführt werden können, scheint sicher.

Es hat große Schwierigkeiten gemacht, die handgeschriebenen Texte zu entziffern. Offenbar hat Dr. Rosa Schapire „ihre" Postkarten mit Klebestreifen und Briefmarkenbogenrändern auf Unterlagen befestigt, um sie Besuchern – Franz Radziwill erzählte davon – besser zeigen zu können. Dabei gerieten Textteile unter die Streifen. Zum anderen sind die Künstlerhandschriften – auf dem kleinen Raum besonders – so „ausgeprägt", daß meine

Entschlüsselungsversuche öfters scheiterten, und ich Pünktchen in die Lücken setzen mußte – ungern!

Hilfe bei der sehr umfangreichen, an Daten und Details geknüpften Arbeit habe ich von vielen Seiten erfahren. Herr Prof. Dr. Gerhard Wietek, der wohl beste Kenner der Materie, bewahrte mich von Anfang an vor manchem Irrweg. Er hat mir mit seinen reichen Kenntnissen immer wieder weitergeholfen.

In Tel Aviv bemühten sich Irith Hadar und Debra Goody um das Photomaterial; in Leicester Eleanor J. Thomas und Julia Collieu; in Mannheim Frau M. Wickenhäuser.

Von Herrn Dr. Fischer, Museum Ludwig Köln, Frau Dr. Hanna Hohl und Herrn Dr. E. Schaar, Hamburger Kunsthalle, Frau Dr. Hedinger und Frau Dr. v. Dücker, Altonaer Museum Hamburg, erhielt ich wertvolle Hinweise. Die Unterstützung durch die Direktoren der Museen war dankenswerterweise immer gegeben: Dr. M. Scheps, Tel Aviv; Prof. Dr. M. Moeller, Berlin; Prof. Dr. W. Hofmann, Hamburg; Prof. Dr. G. Kaufmann, Hamburg; Prof. Dr. H. Borges, Köln; Dr. Patrick J. Boylan, Leicester.

Das Vorhaben wurde in allen Phasen von Herrn Dir. Dr. Manfred Fath, Mannheim, begleitet. Er hat viel für das Zustandekommen getan. Ihm sei vor allem gedankt. Mit Einzelauskünften halfen mir: Frida Gramberg†, Willy Gröning†, K. A. + W. Tapken, W. Hinck, Eva Hagemann, Rita Desai, Dr. P. Reindl, Fl. Karsch, Karin Thomas, Dr. B. Holeczek, Prof. Dr. S.

Salzmann, Dr. E. W. Kornfeld, Dr. W. Henze, Heinrich Graf von Spreti, Dr. G. Reinhardt, Dr. Roland März, Henri Nannen, Prof. Dr. W. Haftmann, Otto Stangl, B. Hünlich, Dr. W. Schmidt, Dr. W. Gabler, Roman Norbert Ketterer, Baron H. H. Thyssen-Bornemisza, Franz Radziwill †, Friedemann Hahn. Vielen Dank!

Weingarten bei Karlsruhe, Herbst 1989

Gerd Presler

Mit * versehene Seitenzahl verweist auf Anmerkung S. 147 f.

Emil Nolde, Fräulein Dr. Sch., 1907

**Karl Schmidt-Rottluff,
Weiblicher Kopf, 1909**

Karl Schmidt-Rottluff, Bildnis R. S., 1909

Karl Schmidt-Rottluff, Frau am Tisch, 1910

17 Brücke-Postkarten
aus dem Nachlaß
Dr. phil. Rosa Schapire

Kunsthalle Mannheim

Erich Heckel

Ernst Ludwig Kirchner

Max Pechstein

Karl Schmidt-Rottluff

Max Pechstein (1881–1955)

Im Restaurant (Tusche und Ölkreide)

Zwickau 11. 5. 09

Postkarte an Dr phil. Rosa Schapire
Hamburg-Uhlenhorst, Osterbeckstr. 43

Sehr verehrtes Frl. Schapire!
Um meine Nerven etwas zu beruhigen,
eine Woche bei Muttern, besten Dank für
liebes Schreiben, Brief von Berlin kommt
nach meiner Rückkehr, herzl. Gruß
Ihr M. Pechstein

Erich Heckel (1883–1970)

Sitzendes Paar (Ölkreide)   *Auch im Andenken an Urwald   EH*

Bremen-Wilhelmshaven Bahnpost Zug 9
13. (?) 9.09

Postkarte an Fräulein Dr. Schapire
Dangast bei Varel

**Karl Schmidt-Rottluff (1884–1976) und
Erich Heckel (1883–1970)**

Stilleben: Grüne Äpfel und irdener Topf
(Ölkreide)

Dangast 17.9.09

Postkarte an Frl Dr phil Ro Schapire
Hamburg= U-horst Osterbeckstrasse 43

*Der letzte Gruss aus der Kartenperiode
S-R
Ende und Anfang ist immer das Stilleben.
Besten Gruß E.H.   Gruß G. Schmidt*

18*

Karl Schmidt-Rottluff (1884–1976)

Landschaft: Blick über Kiefern auf Strand und Meer (Tusche und Ölkreide)

Dangast 27.9.09

Postkarte an Frl Dr. phil. Ro Schapire Hamburg-U-horst Osterbeckstr. 43 [III]

Herzlichen Gruss Vorläufig noch keine Zeit zum Briefschreiben. Hoffentlich giebt's wieder neue Mitglieder Deiner Kurse.

Erich Heckel (1883–1970)

Bärtiger (Ölkreide)

Dangast 29.9.09 (?)

Postkarte an Fräulein Dr. Rosa Schapire
Hamburg Uhlenh. Osterbeckstr. 43

*Es scheint ja sehr feudal auf d. Rittergut
gewesen zu sein. Hier ist jetzt etwas
besser Wetter, aber keine Sonne, sodass
ich noch nicht viel weiter getan habe.
Herzlichen Gruss von Ihrem E. H.*

Karl Schmidt-Rottluff (1884–1976)

Hockende (Ölkreide) (vgl. S. 139)

Oldenburg 26.10.09

Postkarte an Frl Dr Ro Schapire
Hamburg-U-horst Osterbeckstr. 43^{III}

Herzlichsten Gruss. S-R

21

Erich Heckel (1883–1970)

Frau in einem Sessel und Tanzende
(Tinte, Ölkreide)

Dresden-Altst. 9.1.10

*9.1.10 Anbei die Papierproben Leider kann
ich noch nicht bleiben, so dass ich für
diesen Winter auf Graphik fast verzichten
muss. Statt Holzschneiden umziehen,
räumen und packen und demnächst die
Mappe drucken. Vielleicht komm ich bald
zu einem Brief. Viele Grüsse E.H.*

**Erich Heckel (1883-1970) und
Max Pechstein (1881–1955)**

Stehende Frau (Tusche, Ölkreide)
und Dame mit Hut (Tusche, Aquarell)
Berlin W 15 22.3.10

Postkarte an Fräulein Dr. R. Schapire
Hamburg Osterbeckstr. 43

Viele Gr. E. Heckel / M. Pechstein

**Erich Heckel (1883–1970) und
Ernst Ludwig Kirchner (1880–1938)**

Zwei Plastiken (Tusche, Ölkreide)
bezeichnet „von EH(1) „v. ELK"

Dresden Altst. 1.12.10

Postkarte an Fräulein Dr. R. Schapire
Hamburg Osterbeckstr. 43[III]

*Liebes Fräulein Schapire mit Post heute
die Plastiken an Ihre Adresse, 3 Holzpl.
von mir, 1 Zinnguss v. E-L. Kirchner
Herzl Gr. E. H.
Besten Gruss Ihr E L Kirchner*

**Ernst Ludwig Kirchner (1880–1938) und
Erich Heckel (1883–1970)**

Landschaft: Hügel mit Feldern und
3 Häusern (Tusche, Ölkreide)

Dresden-Altst. 26.2.11

Postkarte an Fräulein Dr R Schapire
Hamburg Osterbeckstrasse 43

*Vielen Dank für Ihre so freundliche Karte.
Haben Sie den Katalog von Berlin schon
gesehen? Ich bin Ihnen sehr dankbar dass
Sie mir über die Stilleben schrieben. Es
wäre sehr fein wenn etwas verkauft würde.
Besten Gruss Ihr EL Kirchner
Herzlichen Gruss E Heckel*

Karl Schmidt-Rottluff (1884–1976)

Bildnis (vermutlich Rosa Schapire)
(Wachskreide)

Hamburg 27.3.11

Postkarte an Frl. Dr. Schapire
U-horst Osterbeckstr. 43^{III}

Bitte Adresse von Frl. Anne Goldschmidt
München S-R

Karl Schmidt-Rottluff (1884–1976)

Zwei Figuren (Buntstift, Ölkreide)

6.10.1919 (auf Montagepappe rückseitig
in roter Kreide notiert:
S-R. 6. Okt. 1919 Rottluff)
Postkarte, im Brief verschickt.

Vom ... (unleserlich) *kam auch eine Karte
hierher mit dem Bemerken, dass das erste
Heft bereits vergriffen sei, er wollte es
aber beim 2. Heft mitschicken. Der kl.*
(unleserlich) *wird sich ja wohl vernünftiger
anstellen als der kleine Feininger. tausend
Dank für das Paket an Fink – Hoffentl hat's
nun mit der Packerei für mich erst mal ein
Ende. Allerherzlichsten Gruß D K*

Karl Schmidt-Rottluff (1884–1976)

Drei am Meer
(Schwarze Wachs[?]-Kreide)

Berlin-Friedenau 14.2.20

Postkarte an Frl. Dr. Schapire
Hamburg Osterbeck 43

Wie geht's dort nun eigentlich?
Herzlichsten Gruss!

Karl Schmidt-Rottluff (1884–1976)

Drei auf einem Wagen (Bleistift, Aquarell)

Jershöft August 1920 (auf Montagepappe rückseitig in Tinte notiert: S-R.Jershöft August 1920)

Postkarte, im Brief verschickt

Kein Text

Karl Schmidt-Rottluff (1884–1976)

Frau mit Rechen vor Haus und Wiese
(Bleistift, Ölkreide)

Berlin-Friedenau 23.3.21

Postkarte an I H Frl Dr. Schapire
Hamburg Osterbeck 43

*Herzlichsten Gruss u. herzlichsten Dank
für diese ausbündige Überraschung!
Gute Ostern! 23.3.21*

Karl Schmidt-Rottluff (1884–1976)

Landschaft (Tusche, Aquarell) (vgl. S. 127)

Jershöft 18.7.21

Postkarte an Fräulein Dr. R. Schapire
Hamburg Osterbeckstr. 43

*Meine liebe Ro – tausend Dank für Deinen
Brief. Dass Du heut an diesem heissen
Tag wieder in Hamburg bist, ist richtig
schade. Hier ist's beinahe zu warm –
wenigstens zum Briefe schreiben. Bei
Gelegenheit etwas Mondamin erbeten.
Bald mehr herzlichst Deine Emy
Heut ist ein halkyonischer Tag wie wir
schon einen Sonntag mit Dir hatten
Herzlichster Gruss!*

Karl Schmidt-Rottluff (1884–1976)

Offene Tür mit Blick ins Grüne und weiß-
gekleideter Figur (Tusche, Wachskreiden)

9.9.31 (auf Montagepappe rückseitig in
Blei notiert: „Radziwill Dangast
25. Juni 23" getilgt mit violetter Kreide und
stattdessen: „S-R. Zuschrift 9.9.31"

Postkarte, im Brief verschickt.

Wir gratulieren herzlichst Karlemy

Erich Heckel, Holzschnitt nach einem Bild Ernst Ludwig Kirchners.
Umschlagseite des ersten mit Holzschnitten illustrierten Katalogs der
Künstlergruppe BRÜCKE, der im September 1910 anläßlich der
Ausstellung in der Dresdener Galerie Arnold erschien.

Karl Schmidt-Rottluff, Bildnis R. S., 1915

16 Brücke-Postkarten
aus dem Nachlaß
Dr. phil. Rosa Schapire

Brücke-Museum Berlin

Erich Heckel

Max Pechstein

Karl Schmidt-Rottluff

**Max Pechstein (1881–1955) und
Karl Schmidt-Rottluff (1884–1976)**

Porträt Karl Schmidt-Rottluff (Rohrfeder)

Halensee 11.3.09

Postkarte an Frl. Dr. phil. Rosa Schapire
Hamburg U-horst, Osterbeckstr. 43[III]

*Verehrtes Fräulein Schapire!
Danke herzlichst für Ihr Schreiben und
hoffe Sie noch bei ... licht* (unleserlich) *im
Atelier begrüßen zu können. Mit bestem
Gruß Ihr M. Pechstein.
Mit freundl. Gruss Ihr S- Rottluff*

Karl Schmidt-Rottluff (1884–1976)

Weibliches Porträt in Halbfigur (Tusche)

Varel 9.9.09 (vgl. S. 57, 58)

Postkarte an Frl dr phil R Schapire
Dangast (Bad) Gramberg

Zum Geburtstag freundliche Gratulation.
Schmidt-Rottluff
Herzliche Glückwünsche Gertrud Schmidt

Erich Heckel (1883–1970)

Im Zirkus

Hamburg 18.12.09

Postkarte an Fräulein Dr. Rosa Schapire
Hamburg – Uhlenhorst Osterbeckstr 43

Das Wetter läßt sich so schlecht an, da
fahre ich doch schon heute weg.
Herzliches Lebewohl von Ihrem E Heckel

Erich Heckel (1883–1970)

Weiblicher Akt im Atelier

Dresden-Altst. 16.2.10

Postkarte an Frl. Dr Rosa Schapire
Hamburg Osterbeckstr 43

Karl sagte, dass Sie vielleicht Montag
hierher kämen, da hätten Sie mich beinahe
nicht hier angetroffen. Doch verschiebe
ich eine sehr nötige Fahrt nach Berlin gern
um 1,2 Tage. Sie können bei Kirchner (?)
allerhand Hausrat sehen. ...
(Rest unleserlich)

**Erich Heckel (1883–1970) und
Max Pechstein (1881–1955)**

Junges Mädchen mit Strohhut

Dangast 22.6.10

Postkarte an Fräulein Dr. Rosa Schapire
Hamburg Uhl   Osterbeckstr 43

*Liebes Fräulein Schapire, besten Dank für
neue Mitgliederwerbung. Ich send von hier
den Jahresbericht und von Dresden geht
die Mappe hin. In Berlin haben Sie aber
viel verpasst. Beste Grüsse Erich Heckel
und M. Pechstein.*

Karl Schmidt-Rottluff (1884–1976)

Frau am Tisch (Tusche)

Dangast 27.6.10

Postkarte an Dr Schapire
Hamburg-U horst Osterbeck Str 43^{III}

Schön, wegen des Zim̄ers werde ich mich umsehen. – Was das freilich für'n ... (unleserlich) *ist, ist mir unverstl.*

Karl Schmidt-Rottluff (1884–1976)

Bildnis E

Dangast 6.7.10

Postkarte an Dr Schapire
Hamburg – U horst   Osterbeck Str 43 [III]

Der gefragte Besuch sehr willkommen.
Herzl Gruss S-R

42

Max Pechstein (1881–1955)

Am Strand

Friedenau 17.7.10

Postkarte an Frl. Dr. phil. R. Schapire
Nordseebad Dangast i. Oldenburg

*Sehr geehrtes Frl. Schapire, meinen
herzlichsten Dank für Ihr freundliches
Schreiben und beste Grüße
ihr M. Pechstein*

Karl Schmidt-Rottluff (1884–1976)

Kinder am Strand (Farbstifte)

Varel 20. 8.10

Postkarte an Frl Dr Schapire
Hamburg-U horst Osterbeck Str 43^{III}

*Schönsten Dank für's Silber. Wird
allerdings in nächster Zeit nicht zur
Verwendung ko̅men. Brücke M. 1909 geht
heute ab. Herzlichsten Gruss.*

44*

Karl Schmidt-Rottluff (1884–1976)

Bauernhaus hinter Bäumen (Ölkreide)

Dangast 17.9.10

Postkarte an Frl Dr Schapire
Hamburg- U horst Osterbeck Str 43^{III}

Vorläufig schönsten Dank für den üppigen Korb – alles andere soll bei mehr Zeit geschrieben werden. Herzlichsten Gruss S-R Ebenfalls vielen Dank für die schönen Tomaten Ihre Emma Ritter

**Erich Heckel (1883–1970) und
Ernst Ludwig Kirchner (1880–1938)**

Theaterbalkon (Tusche, Ölkreide)

Dresden-Altst. 25.1.11

Postkarte an Fräulein Dr. R. Schapire
Hamburg Osterbeckstr 43

*Liebes Fräulein Schapire; sehr vielen Dank
für das neue p.M.* (passive Mitglied) *Ich
habe dem Herrn unseren Jahresbericht
1910 gesandt. Er hat aber noch nicht
bezahlt. Herzlichsten Gruss E Heckel
E L Kirchner*

Max Pechstein (1881–1955)

Männlicher Kopf

Hamburg 2.5.19

Postkarte an Frl. Dr. Rosa Schapire
Uhlenhorst Osterbeck Str 43

*Sehr verehrtes Frl. Dr. Rosa Schapire.
Gestern Abend bin ich in Hamburg angekommen und ich würde mich freuen,
könnte ich Sie begrüßen. Wann? Bestens
grüßt Ihr H M Pechstein z. Zt. Frau Minja
Diez-Dührkoop Jungfernstieg 34*

Karl Schmidt-Rottluff (1884–1976)

Kubistischer Kopf (Bleistift)

Lütjenburg (Kr. Plön) 2.9.19

Postkarte an I.H.Frl Dr Schapire
Hamburg Osterbeck 43

*Könnten wohl 3 feste Rollen 75 cm lang
hierher kommen? Es wäre sehr schön, da
hier keine zu haben u. nichts mehr
vorhanden. Herzlichste Grüße von Emy
und mir*
Abs. S- Rottluff Hohwacht Post Lütjenburg

48

Karl Schmidt-Rottluff (1884–1976)

Weiblicher Kopf

Be … (unleserlich) 24.10.19

Postkarte an I. H. Frl Dr Schapire
Hamburg Osterbeck 43

Kennst Du schon die grossen Postkarten?
Die Apokalypse habe ich noch … (Rest
unleserlich) *Herzlich D K*

49*

Karl Schmidt-Rottluff (1884–1976)

Badende am Meer

Jershöft 12.7.20

Postkarte an Fräulein Dr. R. Schapire
Hamburg Osterbeckstr. 43
(geschrieben von Emy Schmidt-Rottluff,
der Frau des Künstlers)

*12. Juli Meine liebe Ro – nun hat Karl
wirklich die erste Postkarte in diesem
Sommer gezeichnet u. sie ko͞mt hiermit zu
Dir. – Morgen werde ich Dir die ersten
Photo's von hier schicken können – ich
hab mir hier alles zum entwickeln
mitgebracht. Ein Tag ist schöner als der
andere. Wie geht's Dir?
Herzlichste Grüsse Deine Emy.*

50

Karl Schmidt-Rottluff (1884–1976)

Schale mit Weintrauben

4.9.31 ohne Absender

Postkarte ohne Anschrift
(im Brief verschickt)

*Meine liebe Ro – Du hast uns ja eine
fabelhafte Sendung zukommen lassen –
tausend (?) herzlichsten Dank! Es ist alles
sehr gut angekommen u. wir freuen uns
sehr. Aber Du hast uns wirklich zu üppig
verwöhnt mit diesen ausgewählten
Früchten! Hier gibt's schöne – richtig*

*warme Tage seit Deiner Abreise – das
Seebad ist nun wieder angewärmt. Und
die Pilze (?) schiessen nur so aus der
Erde.
Alle herzlichsten Grüsse u. nochmals
vielen Dank Deine Emy. 4. Sept 31.
Meine liebe Ro anscheinend hast Du eine
üppige Börse … (unleserlich)
vorgefunden, dass Du dieses Füllhorn des
südlichen Herbstes über unsere Unglücks-
häupter entleerst. Herzlichsten Dank u.
Gruss DK.
(Nachtrag von Emy Schmidt-Rottluff)
Noch eine Bitte liebe Ro – würdest Du uns
wohl 25 einfache Postkarten besorgen u.
schicken?*

51

Franz Radziwill, Rosa Schapire, aquarellierte Zeichnung, ca. 192

**24 Brücke-Postkarten
aus dem Nachlaß
Dr. phil. Rosa Schapire**

Altonaer Museum in Hamburg

Erich Heckel

Max Pechstein

Karl Schmidt-Rottluff

Max Pechstein (1881–1955)

Drei sitzende Männer (Tusche)

Berlin 1.5.09

Postkarte
an Fräulein Dr. phil Rosa Schapire
Hamburg Uhlenhorst Osterbeckstr. 43

Sehr geehrtes Fräulein Schapire!
Ich habe in der Sezession 3 Bilder
gelandet und ist erfreulich am ersten Tage
eins verkauft worden, auch eins im
Katalog reproduziert und ebenso eine
Zeichnung. Nun noch körperlich wohl,
dann bin ich zufrieden.
Sehr ergeben Ihr M. Pechstein.

Max Pechstein (1881–1955)

Selbstporträt (Tusche)
(vgl. Selbstporträt im Plakat S. 10)

Halensee 11.6.09

Postkarte an Frl Dr. phil. Rosa Schapire
Hamburg Uhlenhorst, Osterbeckstr. 43

Wertes Fräulein Schapire! Ich danke herz-
lichst für Ihre liebe Karte. Werde doch
nicht nach dort kommen können – das
Geld ist zu knapp. Denke am Sonnabend
nach Tilsit zu fahren und mir nächste
Woche einen Ort zum Arbeiten zu suchen.
Das Plakat ist fertig.
Besten Gruß Ihr Pechstein.

Karl Schmidt-Rottluff (1884–1976)

Sitzende Frau (Tusche)

Varel (Oldenburg) 9.9.09 (vgl. S. 38)

Postkarte an Frl Dr phil R Schapire
Dangast Bad Gramberg

u nochmals Sch-R
Gruss G. Sch. (Schwester des Künstlers)

Karl Schmidt-Rottluff (1884–1976)

Ornamentale Komposition
(Tusche und Farbstifte)

Varel (Oldenburg) 9.9.09 (vgl. S. 38)

Postkarte an Frl Dr phil Ro Schapire
z. Zt. Dangast (Bad) (Gramberg)

Und zum dritten Male Sch.-R.
Und zum dritten und letzten Mal..
G. Schmidt.

Erich Heckel (1883–1970)

Bogenschütze und weitere Person
(Ölkreide)

Dangast 2.10.09

Postkarte an Fräulein Dr. Rosa Schapire
Hamburg.Uhlenh. Osterbeckstr 43

*Serie X. Jagden. Der neue Bogen von
mir aus Weissdorn geschnitzt trägt gut
70–80 m. Es ist bestes Jagd und Bade-
wetter. Guten Gruss Ihr E H.*

58*

Erich Heckel (1883–1970)

Kinder auf Karusselpferden (Farbstifte)

Varel (Oldenburg) 7.10.09

Postkarte an Fräulein Dr. Rosa Schapire
Hamburg Osterbeckstr 43

Gruss vom Kramermarkt Varel 1909 Ihr E H

59*

Karl Schmidt-Rottluff (1884–1976)

Drei Strandkörbe (Tusche)

Einen kl. Gruss nur zum Sonntag S-R

Bremen-Wilhelmshaven Bahnpost
30.10.09

Postkarte an Frl Dr phil Ro Schapire
Hamburg – U horst Osterbeck Str 43^{III}

Erich Heckel (1883–1970)

Liegender Akt (Farbstifte)

Dresden Altst. 9.1.10

Postkarte an Fräulein Dr. R. Schapire
Hamburg. Osterbeckstr 43

*Uhorst in Hamburg Alter Wall 66-68
Das gelbe, blaue und weisse wohl am
besten. Sie lassen sichs am besten dort
gleich auf Ihr Format reissen.
Herzlichsten Gruss Ihr E H
Bitte gelegentlich ... (unleserlich) des
Papiermessers, für die Unterlegplatte
nötig.*

Erich Heckel (1883–1970)

Kopfstudie (Holzschnitt)

Antwort-Postkarte an Fräulein
Dr. R. Schapire
Hamburg Uhlenhorst Osterbeckstr 43^{III}

Dangast 14.6.10

*Liebes Fräulein Schapire. Für diese gute
Mithülfe für Brücke sollen Sie noch einen
besonderen Pfingstgruss haben. E Heckel*

62

Karl Schmidt-Rottluff (1884–1976)

Frau auf Sofa hinter einem Tisch sitzend
(Blei, Farbstifte)

Dangast 22.6.10

Postkarte an Frl Dr Schapire
Hamburg U horst Osterbeck Str.43[III]

*Liebe Ro! Für Ihre frdl. Einladung danke
ich herzl., ich wollte aber doch den
Umweg nicht machen, zumal ich Sie ja
bald hier wiedersehe. Herzliche Grüsse
Gertrud.*
Schönsten Gruss S-R.

Karl Schmidt-Rottluff (1884–1976)

Frau mit Hut in weiter Landschaft
(Tusche, Farbstifte)

Dangast 24.6.10

Postkarte an Frl Dr Schapire
Hamburg – U horst Osterbeck Str 43^{III}

*Eben sagt mir Gramberg, dass Zimer nur
bis 15. Juli noch da sind, dann erst vom
15. August ab, wieder.
Was tun? Herzl. Gruss S-R*

Karl Schmidt-Rottluff (1884–1976)

Pferd (Tusche)

Dangast 25.6.10

Postkarte an Dr Schapire
Hamburg-U horst Osterbeckstr 43[III]

*Ich bitte, sich in Dangast nicht zu
täuschen; bei Frau Hensel ist schon jetzt
keine Ecke mehr zu haben u. Privat-
wohnungen giebt's ab 15. Juli auch nicht.
Doch können wir ja versuchen; Park-
schloss aber alles Strassenkrach
Gruss S-R*

Erich Heckel (1883–1970)

Liegender Akt im Wald

Dresden-Altst. 2.9.10

Postkarte an Fräulein Dr. Rosa Schapire
Dangast b. Varel Oldenburg

*auch Saal mit Oberlicht 8×12 m und für
die Graphik ein Gang. ... (unleserlich)
Katalog kom͞t auch nach Dangast.
Viele Grüsse an Geschwister Schmidt und
Sie von E Heckel*

Karl Schmidt-Rottluff (1884–1976)

Zwei Köpfe (Tusche)

Nidden 25.8.13

Postkarte an Frl Dr Schapire aus Hamburg Osterbeck 43
Greifswald hauptpostlagernd

*Die Stillebenangelegenheit ist / so wie sie
ist / erledigt. Gruss S.Rottluff*

Karl Schmidt-Rottluff (1884–1976)

Hund (Ölkreide)

Lütjenburg (Plön) 19.7.19

Postkarte an I H Frl Dr Schapire
Hamburg Osterbeck 43

*Fragebogen ging vor einiger Zeit schon
zurück. Hoffentl.ist er inzw. eingetroffen.
Diese Belästigung durch Mannheimer
Kunsthalle ist uns sehr unangenehm.
Herzl. Gruss*

Karl Schmidt-Rottluff (1884–1976)

Drei Figuren vor Landschaft (Tusche)

Lütjenburg (Plön) 22.7.19

Postkarte an I H Frl Dr Schapire
Hamburg Osterbeck 43

Schönsten Dank für heutige Karte mit dem Einführungsbericht. Hier giebt's immer noch müde Tage – ich gebe diesen Som̄er für die Arbeit verloren – es bleibt wohl nichts anderes übrig. Herzlichste Grüsse auch von Emy und Tru.

Karl Schmidt-Rottluff (1884–1976)

Frauenkopf mit kleiner Rückenfigur
(Tusche)

Lütjenburg (Plön) 28.7.19

Postkarte an I H Frl Dr Schapire
Hamburg Osterbeck 43

I.Neumann ist benachrichtigt.Die Feld-
manngesch. hat auch Rauert.Heute will Dr
Niemeyer hier eintreffen – vorgestern war
Vogeler hier – der Maler Stoermer (aus
Paula Modersohn bekannt) lebt hier.Gruss!

Karl Schmidt-Rottluff (1884–1976)

Mann mit Netzen (Tusche)

Lütjenburg (Plön) 1.8.19

Postkarte an I H Frl Dr Schapire
Hamburg Osterbeck 43

*Ist eigentl. das Kunstblatt Juli-heft schon
erschienen?*
Herzlichste Grüsse auch von Emy und Tru.

Karl Schmidt-Rottluff (1884–1976)

Figur mit Sternen (Tinte)

Lütjenburg (Plön) 2.8.19

Postkarte an I H Frl Dr Schapire
Hamburg Osterbeck 43

Das ist ja sehr lustig,/dass dort Mueller
plötzlich aufgetaucht ist.– Von Neuraths
Schicksal las ich hier auch – ich war
im̄erhin auf dergl. Ausgang nicht gefasst.
Herzlichste Grüsse auch von Emy u.Tru.

Karl Schmidt-Rottluff (1884–1976)

Sitzende Figur (Bleistift)

Lütjenburg (Plön) 29.8.19

Postkarte an Fräulein Dr.Ro.Schapire
Malente-Gremsmühlen Haus Buchenlik (?)
Wragen
(geschrieben von Emy Schmidt-Rottluff)

Liebste Ro –
Karl kann nicht schreiben – hat einen
Holzschnitt vor – daher die Karte von
mir.Sonntag scheint doch sehr fraglich –
Niemeyer komt eventuell.Wollen sehen –
was sich tun lässt.Karl grüsst tausendmal
herzlichst mit mir Deine Emy

Karl Schmidt-Rottluff (1884–1976)

Fischer beim Aalstechen (Bleistift)

Lütjenburg (Plön) 7.9.19

Postkarte an I H Frl Dr Schapire
Hamburg Osterbeck 43

S.Rottluff Hohwacht Holstein
Herzlichste Geburtstagswünsche!
Emy u. Karl

74*

Karl Schmidt-Rottluff (1884–1976)

Mann mit Fischen (Bleistift)

Hohwacht 8.9.19

Postkarte an Fräulein Dr.R.Schapire
Hamburg Osterbeckstr.43.
(geschrieben von Emy Schmidt-Rottluff)

*S-R.Hohwacht-Holstein Post Lütjenburg
M.I.R.– Es können Dir bei der jetzigen
Wärme leider nur die Fische auf dieser
Karte gewidmet werden – die andern
Fische können wir nicht abschicken, sie
würden sicher verderben. Noch viele herz-
liche Grüsse Deine Emy.u.K.*

Karl Schmidt-Rottluff (1884–1976)

Kirchturm und Menschen
(Tusche, Bleistift)

Berlin-Friedenau 14.5.21

Postkarte an I H Frl Dr R Schapire
Hamburg   Osterbeck Str 43

Herzlichste Pfingstgrüsse! K.u.E.

Max Pechstein (1881–1955)

Selbstportrait mit Pfeife (Tusche)

Berlin-Charlottenburg 29.12.50

Postkarte an Miss Dr Rosa Schapire
20 Barkton-Garden London S.VV.5

Absender:
Prof.M.Pechstein Berlin-Grunewald
Hubertus-Allee 18 Germany

*Berlin 29.12.1950 Liebe Frau Dr Schapire,
Seit August leide ich an einer Trombo-
se,und bin rechtseitig schwer gehandicapt.
Erwidere Ihre lieben Wünsche auf das
Herzlichste als immer Ihr H M Pechstein*
(Text oberhalb der Zeichnung)

Franz Radziwill, Rosa Schapire, Aquarell, 1922

18 Brücke-Postkarten
aus dem Nachlaß
Dr. phil. Rosa Schapire

Hamburger Kunsthalle

Erich Heckel

Ernst Ludwig Kirchner

Max Pechstein

Karl Schmidt-Rottluff

Max Pechstein (1881–1955)

Kauernder Frauenakt und Katze (Tusche)

Halensee 9.4.09

Postkarte an Frl.Dr.phil.Rosa Schapire
Hamburg Uhlenhorst Osterbeckstr.43

*Verehrtes Fräulein Schapire!Meinen Dank
für ihr launiges Schreiben,habe jetzt mein
Mädchen mit einer schönen Katze
mehrere male gezeichnet und schicke
ihnen eine davon.Hoffentlich machts Ihnen
Freude. Beste Grüsse Ihr Pechstein*

Max Pechstein (1881–1955)

Zwei Segelboote am Strand (Tusche)

Nidden (Ostpr.) 22.7.09

Postkarte an Frl.Dr.phil.Rosa Schapire
Hamburg Uhlenhorst Osterbeckstr.43

*Wertes Fräulein Schapire,Meinen besten
Dank für Ihre Karten,leider regnet es hier
wie überall und dabei wird es höchste
Zeit,etwas Gutes zu arbeiten,im Zimmer
leidets …* (unleserlich) *auch doch (?)
nicht,so laufe ich denn trotz Wind und
Regen oder besser gerade deswegen
immer raus vom Haff zur See,und von
einem Ende zum andern.Sie ist reich diese
kurische Nehrung,und bin ich zufrieden
mit der Wahl habe schon etliche Bilder
gemalt.Doch bin ich nicht zufrieden.
Besten Gruss M.Pechstein*
(bis „laufe" unter der Zeichnung)

Erich Heckel (1883–1970)

Brücke gratuliert (Farbkreiden)   ohne Text

Varel (Oldenburg) 9. 9. 09

Postkarte an Fräulein Dr. Rosa Schapire
Dangast bei Gramberg Zimmer 12 a

82*

Erich Heckel (1883–1970)

Frau auf rotem Sofa sitzend (Ölkreide)

Varel (Oldenburg) 21.9.09

Postkarte an Fräulein Dr.Rosa Schapire
Hamburg Osterbeckstr.43

*Hier Proben der mir von Könk übersandten
Proben,als Dank für die Adresse.
Herzlichen Gruss Dein E.H.*

Erich Heckel (1883–1970)

Kopf im Rechtsprofil (Ölkreide)

Dresden 26.12.09

Postkarte an Frl.Dr.R.Schapire
Hamburg Uhlenhorst Osterbeckstr.43

*Herzliche Grüsse aus Dresden,das wie
immer friedlich gleich wirkt.Ich bin auf der
Suche nach einem Raum zur Arbeit.Dann
soll das Malen und Drucken (beginnen).
E.H.*

**Ernst Ludwig Kirchner (1880–1938)
und Erich Heckel (1883–1970)
und Karl Schmidt-Rottluff (1884–1976)**

Weibliches Brustbild (Tusche, Ölkreide)

Februar 1910

Postkarte an Fräulein Dr.Rosa Schapire
Hamburg Osterbeckstr.43

*.. von dem Brückensteg (?) lassen
grüssen E.L. Kirchner.Auf Wiedersehen in
Hamburg.E Heckel
Auf Wiedersehen S–R*

Erich Heckel (1883–1970)
und Ernst Ludwig Kirchner (1880–1938)

Drei Tanzende (Ölkreide)

Berlin 2.3.10

Postkarte an Fräulein Dr.Rosa Schapire
Hamburg Osterbeckstr.43

Liebes Fräulein Schapire.Ihr Brief kam mir
nach. Ich bin im weitläufigen Berlin und
versuche einiges mit fortzuschleppen.
H.Grüsse E.H.
Besten Gruß von Ihrem L.Kirchner

Karl Schmidt-Rottluff (1884–1976)

Selbstbildnis (Ölkreide)

Dangast 30.6.10

Postkarte an Dr Schapire
Hamburg U horst Osterbeck Str 43[III]

Ab 9.Juli auf 4 Wochen gemietet,von da ab
wird's wohl bei Gramberg passen.
Schönsten Gruss S–R.

Ernst Ludwig Kirchner (1880–1938)

Varietetänzerin (Tusche, Ölkreide)

Dresden 29.10.10

Postkarte an Fräulein Dr.R.Schapire
Hamburg Osterbeck Str.43[III]

*Wieder in Dresden sende Ihnen frdl.
Grüße. Es war so nett bei Ihnen, schade
daß sie nicht hier wohnen, da könnte man
öfters bei Ihnen herumstöbern.
E.L.Kirchner*

Karl Schmidt-Rottluff (1884–1976)

Figur im Kahn (Blei, Ölkreide)

ohne Text

März 1911

ohne Anschrift

An der Stelle für die Freimarke der hand-
schriftliche Vermerk: 2.–

Karl Schmidt-Rottluff (1884–1976)

Hügelige Landschaft mit Bäumen
(Tusche, Ölkreide)

Chemnitz 22.4.11

Postkarte an Frl Dr R Schapire
Hamburg U horst Osterbeck Str 43^{III}

*Sind wohl noch da :"Dangaster Park"
Lithg., "Liegendes Mädchen" Holz,"Bahn-
überführung"? "Blumenpflückende
Frauen" kl.Holzschnitt? Dangaster Park
einen vollen Druck möglichst. Könnte ich
die wohl haben,damit ich hier austauschen
kann.Mit vielem,vielem Dank
Herzlichst S-Rottluff*

90*

Max Pechstein (1881–1955)

Zwei niedersächsische Bauernhäuser
(Tusche, Ölkreide)

Ratzeburg/Lauenburg 18.5.19

Postkarte an Frl Dr.Rosa Schapire
Hamburg Uhlenhorst (gestrichen)
(Berlin,Christl.Hospiz,Friedrichstr.)

Sehr verehrtes Frl.Dr.Rosa Schapire
Mit Freuden gedenke ich noch der
Hamburger Stunden und nachträglich
danke ich ihnen noch für den Rat, mir
Lühe anzusehen,es war gut sein in Lühe.
Herzlichst grüßt Ihr MH Pechstein

Karl Schmidt-Rottluff (1884–1976)

Weg mit zwei Figuren (Blei, Aquarell)

Rottluff 2.4.21

Postkarte an I H Frl Dr Schapire
Hamburg Osterbeck 43

*Vielen Dank für die Einladung zur Kunst-
bundausst.–Die Anemonen in ... (unleserlich) werden wohl bis dahin vorbei sein,da
sie hier allenthalben blühen.Gruss von
E.u.allen u.mir*

92*

Karl Schmidt-Rottluff (1884–1976)

Brustbild einer Frau (Tusche, Aquarell)

Jershöft 13.7.21

Postkarte an Frl Dr R Schapire
bei Frau Blumenfeld Brunstorf
b Schwarzenbek b Hamburg
(geschrieben von Emy Schmidt-Rottluff)

*Meine liebe Ro – heut kam zu unserer
Überraschung Dein Paket an.Tausend
herzlichen Dank für all die Köstlichkeiten –
aber wir haben sehr gezankt – dass Du
solche Geschichten machst.Hoffentlich ist
vor allem d.M Paket bei Dir angekommen
– das wäre doch eine zu dumme Sache
wenn es verschwunden wäre. Wie geht's
Dir.Herzlichste Grüsse und allen Dank
Deine Emy
Schönsten Dank für Alles – Brief bald!
Herzlichste Grüsse DK*

Karl Schmidt-Rottluff (1884–1976)

Zwei Personen bei der Feldarbeit
(Tusche, Aquarell)

Jershöft 10.8.21

Postkarte an Dr.R.Schapire
z.Zt Dangast a Nordsee Oldenburg bei
Herrn Radziwill
(geschrieben von Emy Schmidt-Rottluff)

Meine liebe Ro – vielen Dank für Deine
gestrige Karte – ich hatte Dir gerade
vorher geschrieben – dass ich noch Mehl
bekommen kann u. besorgt habe. –
Hoffentlich hast du recht schöne Tage in
Dangast!
Herzlichste Grüße von Deiner Emy
Ebenso Karl Kurt Trude

94*

Karl Schmidt-Rottluff (1884–1976)

Zwei Köpfe (Blei)

Sept. 1923

ohne Anschrift

Vielen Dank für die Mitteilung des Aq.Verkaufs. Dass jetzt natürlich alles zu billig ist,habe ich auch längst eingesehen.Es freut mich aber,dabei zu hören, dass wenigstens die franz.Stunde geworden ist!Einstweilen noch alle herzlichsten Grüsse auch von Emy DK

Karl Schmidt-Rottluff (1884–1976)

Brustbild einer sich kämmenden Frau
(Tusche, Ölkreide) (vgl. S. 144)

September 1924

Ohne Anschrift

ohne Text

(handschriftlicher Vermerk von Dr. Rosa
Schapire: *„Glückwünsche".*)

96

Karl Schmidt-Rottluff (1884–1976)

Kaktus im Topf (Tusche, Ölkreide)

Jershöft 4.8.31

ohne Anschrift

Meine liebe Ro – heute morgen kam Deine Karte – ja,wir waren etwas schreibfaul – aber es gab auch nicht allzu Bemerkenswertes von hier zu berichten.Das schöne Wetter haben wir sehr genossen. Inzwischen ist auch Gudrun nach beendigtem Examen angekommen.Leider wird sie im Herbst nicht mehr weiterstudieren können – trotzdem es so auch gerade keine Anstellmöglichkeiten für sie gibt. (Emy) Der Kaktusfreundin einen Kaktus – u. die Feder als Ersatz für einen streikenden Füllfederhalter.–Was ist aus Deinen Ausflügen geworden?Allerherzlichsten Gruss!DK („Jershöft 4/8 31" handschriftlich von Dr. Rosa Schapire)

Karl Schmidt-Rottluff,
Frauenkopf R. S., 1923

MIT DEM GLAUBEN AN ENTWICKLUNG AN EINE NEUE GENERATION DER SCHAFFENDEN WIE DER GENIESSENDEN RUFEN WIR ALLE JUGEND ZUSAMMEN UND ALS JUGEND, DIE DIE ZUKUNFT TRÄGT, WOLLEN WIR UNS ARM= UND LEBENSFREIHEIT VERSCHAFFEN GEGENÜBER DEN WOHLANGESESSENEN ÄLTEREN KRÄFTEN. JEDER GEHÖRT ZU UNS, DER UNMITTELBAR UND UNVERFÄLSCHT DAS WIEDERGIEBT, WAS IHN ZUM SCHAFFEN DRAENGT

20 Brücke-Postkarten
aus dem Nachlaß
Dr. phil. Rosa Schapire

Museum Ludwig Köln

Erich Heckel

Ernst Ludwig Kirchner

Max Pechstein

Max Pechstein (1881–1955)

Zwei Köpfe (Tusche)

Charlottenburg 2.5.09

Postkarte an Frl. Dr. phil. Rosa Schapire
Hamburg Uhlenhorst Osterbeckstr.43
       nachgesandt nach Dangast
       Bad bei Varel i.Oldenburg
       am 28.5.

*Sehr wertes Fräulein Schapire!Habe mich
herzlich über Ihr Lebenszeichen gefreut,
denke nächste Woche Berlin zu verlassen.
Hoffe vielleicht mal nach Hamburg zu
kommen.Noldes haben mich am Montag
besucht,hatte letzte Zeit einige Aquarelle
gearbeitet.*
Mit vielen Grüssen Ihr M.Pechstein

Ernst Ludwig Kirchner (1880–1938)

Kabarettistin (Tusche, Ölkreide)

Dresden 10.9.09

Postkarte an Fräulein Dr Rosa Schapire
Dangast b/Varel Oldenburg
b/ Maler Heckel

Besten Gruß von hier E L.K.

Erich Heckel (1883–1970)

Akte am Wasser (Ölkreide)

Varel 11.9.09

Postkarte an Rosa Schapire
Dangast am Jadebusen

Gruss von einem Insulaner genannt EH.
Rechts Dangast wie es ist, links wie es
wäre, wenn (Bitte zu vertauschen) Kater-
bummel erklärt das übrige."
Die herzl. Grüsse Gertrud Schmidt

Ernst Ludwig Kirchner (1880–1938)

Sitzender weiblicher Akt
(Tusche, Ölkreide)

Dresden 19.10.09

Postkarte an Fräulein Dr Rosa Schapire
Hamburg Osterbeckstrasse 43

Besten Gruss Ihr E L.Kirchner

Erich Heckel (1883–1970)

Tanzendes Paar, im Hintergrund Tanz-
orchester (Tusche, Ölkreide)

Bremen-Wilhelmshaven 8.11.09

Postkarte an Fräulein Dr.Rosa Schapire
Hamburg Uhlenh, Osterbeckstr.43

Viele Grüsse vom Zeteler Kramermarkt.
Dank für die interess.Bücher.Das Wetter ist
aber so gut,dass ich wenig zum Lesen
komme.Ihr E H.

Max Pechstein (1881–1955)

Damenringkampf (Tusche, Ölkreide)

Friedenau 23. 2.10

Postkarte an Frl.Dr.phil.Rosa Schapire
Dresden,Berlinerstr 80
p.A.Maler E.L.Kirchner

*Wertes Fräulein Schapire.Meinen Dank für
freundlichen Gruss.*
Hochachtend Ihr M.Pechstein"
"Freundl.Gruss Emy Frisch

Karl Schmidt-Rottluff (1884–1976)

Landschaft mit Haus und Kiefern
(Ölkreide) (vgl. „Tannen vor weißem
Haus", Öl auf Lwd. 1911)

Dangast 23.6.10

Postkarte an Frl R Dr Schapire
Hamburg U horst Osterbeck Str 43[III]

Ganz recht,auf diesen Unfug Herzl.Gruss

Max Pechstein (1881–1955)

Segelboote am Strand (Tusche)

Nidden (Ostpr.) 25.6.10

Postkarte an Fr.Dr.phil.Rosa Schapire
Hamburg / Uhlenhorst Osterbeckstr.43

Wertes Fräulein Schapire Seit gestern
sitze ich nun in Nidden und hoffe auf den
guten Sommer.Es ist gut hier nur etwas
teuer.80 M den Monat
Besten Gruss Ihr M Pechstein

Karl Schmidt-Rottluff (1884–1976)

Parkweg (Tusche, Ölkreide)

Dangast 3.7.10

Postkarte an Dr Schapire,
Hamburg U horst,Osterbeck Str 43[III]

*Cometer hat sich noch nicht gerührt.
Herzl.Gruss sonst S-R*

Karl Schmidt-Rottluff (1884–1976)

Mäher (Tusche, Ölkreide)

Varel 21.7.10

Postkarte an Frl Dr Schapire
Dangast Bäcker Ihnken

Schönsten Gruss   S-R

**Ernst Ludwig Kirchner (1880–1938)
und Erich Heckel (1883–1970)**

Bildnis Heckel auf dem Sofa
(Blei, Tusche, Ölkreide)

Dresden 2.11.10

Postkarte an Fräulein Dr R Schapire
Hamburg Osterbeckstr 43

*Besten Gruss Ihr E L Kirchner
Aus meinem neuen Lokal herzlichen
Gruss.Ihr E Heckel
Dresden A. Falkenbrück 2 a*

Erich Heckel (1883–1970)
und Ernst Ludwig Kirchner (1880–1938)

Weiblicher Akt auf rotem Grund
(Tusche, Ölkreide)

Leipzig 31.12.10 ·

Postkarte an Fräulein Dr.R.Schapire
Hamburg Osterbeckstr.43

Liebes Fräulein Schapire,für die unerwartete Weihnachtssendung vielen Dank.Die herzlichsten Grüsse von E Heckel
Auch meinerseits vielen Dank,mit herzl. Gruss E L Kirchner

Karl Schmidt-Rottluff (1884–1976)

Sitzender weiblicher Akt
(Tusche, Ölkreide)

Chemnitz 13. 4. 11

Postkarte an Frl Dr R Schapire
Hamburg U horst Osterbeck Str 43[III]

*Grafik schicken nicht möglich,habe
gestern erst angefangen zu drucken.Nir-
gends Platz hier.Sauwetter – Schnupfen.
Gruss S-R*

Karl Schmidt-Rottluff (1884–1976)

Zwei Menschen (handaquarellierter Druck
aus „Aktion" 1913)

Lütjenburg (Plön) 26.6.13

Postkarte an Frl Dr Schapire
Frauenclub,Cöln a Rh Am Hof 36

Kunstsalon Angerstein Charlottenburg
Schloss Str 30/31
Expression Impression

Karl Schmidt-Rottluff (1884–1976)

Zwei Köpfe, sich küssendes Paar (Blei)

Berlin 13.2.20

Postkarte an Frl Dr Schapire
Hamburg Osterbeck Str 43

*Jetzt muß ich's mit einer Karte versuchen
– vielleicht höre ich dann wieder etwas!
herzl.Gruss!*
Stempel *Schmidt-Rottluff*
    Niedstrasse 14 Berlin-Friedenau

Karl Schmidt-Rottluff (1884–1976)

Willkommensgruß (Tusche, Aquarell)

Jershöft 25.7.22

Postkarte an Frl Dr R Schapire
Hamburg Osterbeck Str 43

*Wenn Deine Karte aus Ueberalter am
24.hier ankommt,dann ist es glaube ich
Unsinn postwendend nach Pl.zu schreiben
eher postwendend nach H.,denn dort
dürftest Du eher in Sicht sein,als man
vermutet.Unterwegs wirst Du vermutlich
schon einen leichten Begriff von dem
Wetter bekommen haben,mit dem wir seit
Wochen schon leiden.Alle … (unleserlich)
Abs.Schmidt-Rottluff,
Jershöft Kr.Schlawe i/Pommern*

Karl Schmidt-Rottluff (1884–1976)

Zwei Ruderer (Tusche, Ölkreide)
(vgl. S. 129)

ohne Text

ohne Datum (Notiz von Dr. R. Schapire
von "Karl" zum 50. Geburts-
tag am 9.9.1924)

Postkarte an Dr.phil.Rosa Schapire,
im Brief verschickt

Karl Schmidt-Rottluff (1884–1976)

Uferlandschaft im Regen
(Tusche, Ölkreide)

ohne Datum (Notiz von Dr. R. Schapire:
"Zuschrift 9. Sept. 24." An diesem Tage
feierte sie ihren 50.Geb.)

Postkarte an Dr.phil.Rosa Schapire,
im Brief verschickt

ohne Text

Karl Schmidt-Rottluff (1884–1976)

Früchtestilleben (Tusche, Ölkreide)

ohne Datum Geburtstagsgruß von Emy
Schmidt-Rottluff
an Dr.R.Schapire vom 6.9.1931
im Brief verschickt

Karl Schmidt-Rottluff (1884–1976)

Weiblicher Kopf (Tusche, Ölkreide)

ohne Datum (Zum 57.Geb.von
Dr.R.Schapire am 9.9.31
im Brief verschickt)

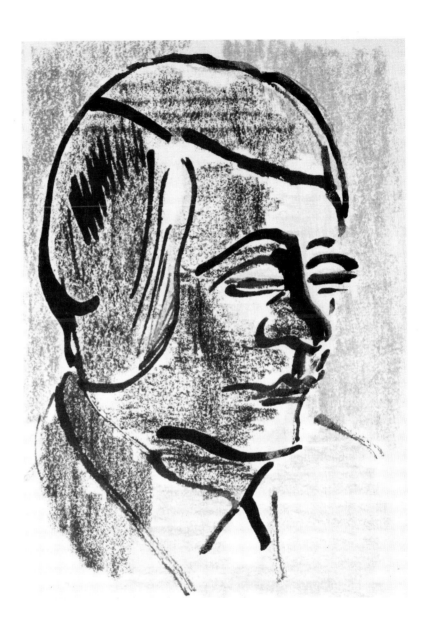

*Meine liebe Ro ,eigentlich brauchte ich
wohl zum Geburtstag meine Wünsche
nicht mehr besonders umreissen – wenn
sie diesmal nicht einzeln ausgesprochen
werden,so geschiehts in dem stillen
Wunsch,es möchte diesmal ein Teil davon
– in diesem Jahr – in Erfüllung
gehen.Eben koṁen noch die Karten und
Briefe Postkarte – sowie der Zeitungs-
ausschnitt.Allen Dank.Und nun noch die
herzlichsten Gruss u.Wünsche DK*

PM

Bührmann	Rektor	Soest i.W
O. Weiss	Dr med	Hilchenbach i W
P. Holstein	theol.	Rütha
M. Unger	Kapellmeister	Leipzig
A. Nolde	Frau	Alsen
Bellmann	Architekt	Zwikau
K M Seifert	Fabrikant	Dresden
Hübschmann	Prof D	Chemnitz
O. Miller	Direktor	Solothurn
Günther Weiske		Chemnitz
Fritz Cohn	stud jur	Leipzig
Waldstein	Dr med	Altendorf
A Thiele	Dr med	Chemnitz
Schiefler	Landgerichtsdir.	Homburg
Fehr	Prof Dr	Jena
Scharhof	Frau Dr	Soest i.W
Seile	Dr	Leipzig
Ruppert	Fabrikbes.	Leipzig
Gussmann	Prof	Dresden

PM

Dtschs Buchgewerbemuseum		Leipzig
Ida Wildberger		Neukirch b Schaffh
F Baur	Architekt	Basel
Frau Tillberg		Schweden
Wygodzinski	Dr	Bonn
Ph Trüdinger	Direktor	Basel
R Kisling		Zürich
Curt Glöss	Referendar	Leipzig
S Åkerhielm	Baronesse	Dresden
E Michel	Dr med	Wiedlisbach Schweiz
Rosa Schapire	Frl Dr	Hamburg
H Kind	stud	Dresden
M Rauert	Frau	Hamburg
Köhler-Häussen		Dresden
E Brandt	ing	Aurich i. O-Fr
E Kirchner	Prof	Chemnitz
Graf Harry von Kessler		Weimar

Verzeichnis der passiven Mitglieder. Holzschnitt von Pechstein 1910.

10 Brücke-Postkarten
aus dem Nachlaß
Dr. phil. Rosa Schapire

Leicestershire Museums

Karl Schmidt-Rottluff

Karl Schmidt-Rottluff (1884–1976)

Landschaft mit Bäumen (Ölkreide)

Dangast 15.10.09

Postkarte an Frl Dr phil Ro Schapire
Hamburg U horst Osterbeck Str.43 [III]

*Frdl.Dank für Rigaer Zeitung.Ist das
dieselbe Verfasserin?Bedeutend
geschickter geschrieben als die Kritik im
Börsen-Courier.Schade,dass nicht um-
gekehrt.Herzl.Gruss*

Karl Schmidt-Rottluff (1884–1976)

Pferd und Wagen (Tusche, Ölkreide)

Varel 21.8.10

Postkarte an Dr.Schapire
Hamburg Osterbeck Str.43

*Heute Brief.Bei Gramberg alles besetzt,
lässt sich aber arrangieren … (unleserlich)
später Post.Am Montag zu viel zu tun, als
zu denken,je ne crois point.Herzl.Gruss.*

SCHMIDT-ROTTLUFF: AKT / Sonderabdruck aus der AKTION

Karl Schmidt-Rottluff (1884–1976)

Akt (Lithographie auf Postkarte, im Stein signiert und datiert 13, Sonderabdruck aus der AKTION, aquarelliert)

Absendeort und Datum nicht leserlich 1919

Postkarte an I H Frl Dr Schapire Osterbeck Str 43 Hamburg (eine weitere Postkarte mit demselben Motiv, aber nicht aquarelliert, befindet sich im Nachlaß Dr. Rosa Schapire für die Leicestershire Museums)

Zu den 2 Radierungen möchte ich allerdings jetzt auch wissen … (unleserlich) und woher?Paula Modersohn war ohne Zweifel sehr interessant … (unleserlich) das einzige was von Worpswede … später interessieren.Gruss!

Karl Schmidt-Rottluff (1884–1976)

Holzhackender Mann (Tusche, Aquarell)

Jershöft 16.7.20

Postkarte an I H Frl. Dr R Schapire
Hamburg Osterbeck 43

So-na- ich laufe hier auch dauernd mit
schlechtem Gewissen herum – aber was
will man machen?Wenn's nicht von selber
kommt hat's ja auch keinen Wert. – Hat
der Dr.G. aus Essen wenigstens einen
brauchbaren Kopf?
Schönste Grüsse – auch von Emy – Trude!

Karl Schmidt-Rottluff (1884–1976)

Landschaft mit Baum (Tusche, Aquarell)
(vgl. S. 31)

Jershöft (Poststempel unleserlich) 1921

Postkarte an Fräulein Dr.R.Schapire
Hamburg Osterbeckstr.43
(geschrieben von Emy Schmidt-Rottluff)
Absenderstempel: Schmidt-Rottluff
Jershöft (Kr.Schlawe,Pommern)

*Meine liebe Ro – Tausend Dank für das
Päckchen,das glücklich angekommen
ist.Sonst brauchen wir Dich erst mal noch
um nichts weiter zu bemühen – da wir
jetzt dem Böttger,der jede Woche nach der
Stadt fährt,all unsere Besorgungen aufge-
ben,wenigstens die für ihn verständlichen
– Und da geht's erst mal ganz gut.Aber
vielen herzlichen Dank noch und alle
guten Sonntagsgrüsse.Deine Emy.*

Karl Schmidt-Rottluff (1884–1976)

Vase mit Blumen (Tusche, Ölkreide)

Jershöft 17.Aug.21 (Rückseitiger Vermerk
von Dr. R. Schapire)

Postkarte ohne Adresse

*Meine liebe Ro., wir haben bis auf unseren
letzten Brief nichts von Dir gehört und sind
nun völlig im Ungewissen. Roswita ist
gestern abgereist – jetzt wird es erst
leerer hier – es war dies Jahr sehr voll
was wirklich nicht sehr erfreulich ist.Man
denkt dann jedesmal ans Auswandern.–
Hoffentlich geht es Dir gut,dass dies nicht
der Grund für's Ausbleiben einer Nachricht
ist.Emy hatte jetzt auch Fieber und lag zu
Bett – heute ist sie wieder aufgestanden.
Noch all herzlichsten Grüsse und von Emy
… (unleserlich) DK*

Karl Schmidt-Rottluff (1884–1976)

Kopf (Blei, Aquarell)

Chemnitz 30.12.21

Postkarte an Frl.Dr.R.Schapire
Hamburg Osterbeckstr.43

Herzlichste Neujahrgrüsse!
K,Emy–Trude,Fritz Schmidt,Mutter Schmidt
Kurt Schmidt

Karl Schmidt-Rottluff (1884–1976)

Männer im Boot (Tusche, Ölkreide)
(vgl. S. 116)

Jershöft 9.9.24
(rückseitig von Dr. Rosa Schapire notiert:
S-R.Jershöft 9.September 24)

Postkarte, im Brief verschickt.
(Diese und die beiden folgenden Postkar-
ten gehören zusammen. Sie ergeben den
dreiteiligen Text, mit dem Karl Schmidt-
Rottluff zum 50. Geburtstag Dr. Rosa
Schapires gratuliert.)

Zum

Karl Schmidt-Rottluff (1884–1976)

Landschaft (Tusche, Aquarell)   *Fünfzigsten*

weitere Angaben siehe S. 129

Karl Schmidt-Rottluff (1884–1976)

Landschaft mit Doppelregenbogen   *Geburtstag*
(Tusche Aquarell)

weitere Angaben siehe S. 129

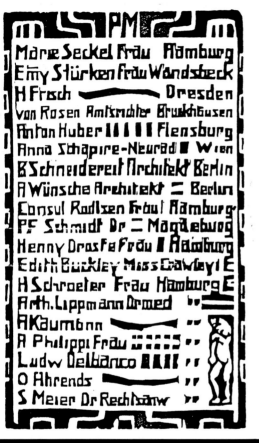

Left panel:

PM

Marie Seckel Frau Hamburg
Emy Stürken Frau Wandsbeck
H Frisch — Dresden
von Rosen Amtsrichter Bruckhausen
Anton Huber III I Flensburg
Anna Schapire-Neurad ▪ Wien
B Schneidereit Architekt Berlin
A Wünsche Architekt = Berlin
Consul Radixen Frau Hamburg
PF Schmidt Dr = Magdeburg
Henny Drasfe Frau ▪ Hamburg
Edith Buckley Miss Crawley E
H Schroeter Frau Hamburg E
Arth. Lippmann Dr med ''
A Kaumann — ''
A Philippi Frau ::::::: ''
Ludw Delbanco IIII ''
O Ahrends — ''
S Meier Dr Rechtsanw ''

Right panel:

PM

Frau I Deutschmann Hamburg
Frau M Diez-Dührkoop ''
Frl O Goldschmidt — ''
F Hassler ▬ ''
Frau Dr E Hopf ⊢ ''
Bleichröder — ''
Helene Simon ▬ ''
G Hübner ▬ ''
Dr med R Kirsch = München
F Genzsch ▬ Eddelsen
W Hane ▬ Blankenese
Dr Weiner — Chemnitz
Beiersdorf ▬ Oldenburg

Verzeichnis der passiven Mitglieder, Holzschnitt von Pechstein 1910

13 Brücke-Postkarten
aus dem Nachlaß
Dr. phil. Rosa Schapire

The Tel Aviv Museum

Erich Heckel

Ernst Ludwig Kirchner

Max Pechstein

Karl Schmidt-Rottluff

**Karl Schmidt-Rottluff (1884–1976)
und Erich Heckel (1883–1970)**

Mann in Hemdärmeln (Ölkreide)

Dangast   Sept. 09

Postkarte an Frl Dr phil R Schapire
Hamburg= U horst Osterbeck Str.43

*Gruss aus D. S-R
Gruß Gertrud Schmidt
Gruss E H.*

Erich Heckel (1883–1970)

Kopf (Tusche, Ölkreide)

Varel (Oldenburg) 9.9.09

Postkarte an Fräulein Dr.Rosa Schapire
Nordseebad Dangast i.Oldenburg
bei Gramberg Zimer N 12 a

Serie XIII. Frauenschönheiten Nr 1.
… lieben Glückwunsch … (Rest überklebt)

Erich Heckel (1883–1970)

Bogenschießende Mädchen
(Tusche, Ölkreide)

Dresden-Altst. 18.2.10

Postkarte an Fräulein Dr.Rosa Schapire
Hamburg Uhlenhorst Osterbeckstr 43

*Hier zwei Schwestern,die ich neulich
entdeckte. Ich bin eben dabei die Graphik
an unsere p.M. zu packen, da fällt mir
ein,dass ich Ihnen doch eine Mappe
mitschicken wollte.Leider schrieb ich
damals das Format in ein Skizzenbuch,
könnten Sie mir nicht noch einmal
schreiben ... Gruss ... E H*

136*

Karl Schmidt-Rottluff (1884–1976)

Drei Häuser (Tusche, Ölkreide)

Dresden-Altst. 27.2.10

Postkarte an Frl Dr Schapire
Hamburg – U horst   Osterbeck Str 43^{III}

Mit freundl.Gruss
Heute abend erstes Schneegestöber. S-R

Max Pechstein (1881–1955)

Radrennen (Tusche, Ölkreide)

Wilmersdorf bei Berlin   20.5.10

Postkarte an Frl.Dr.phil.Rosa Schapire
Hamburg. Uhl. Osterbeckstr.43

Sehr verehrtes Fräulein Schapire
... für Postkarte und habe mit Vergnügen
Ihrem ... (unleserlich)
Mit bestem Gruß Ihr M.Pechstein

138*

Karl Schmidt-Rottluff (1884–1976)

Mohnblume (Ölkreide)

Dangast 29.6.10

Postkarte an Dr Schapire
Hamburg – U horst   Osterbeck Str 43[III]

*Bekome vielleicht doch Wohnung vom
1. (?) Juli an – Heute Nachmittag Bescheid.
S-R*

Ernst Ludwig Kirchner (1880–1938) und Erich Heckel (1883–1970)

Im Atelier (Tusche, Ölkreide)

Dresden Altst. 10.2.11

Postkarte an Frl Dr Rosa Schapire
Hamburg Osterbeckstr 48

*Frdl Grüsse von hier,habe ein paar neue
Bilder an den Wänden.Ihr E L Kirchner
Vielen Dank für Karte.Es kommt eine
Heckel-Mappe hoffentlich bald.
Besten Gruss E Heckel*

140*

Karl Schmidt-Rottluff (1884–1976)

Sitzender Akt (Tusche, Ölkreide)
(vgl. S. 22)

Hamburg 14.(?) 3.11

Postkarte an Dr Schapire
U horst   Osterbeck Str 43

Erhalte eben noch von Dehmel Zwei Men-
schen,Ausgew. Gedichte,Verwandlungen
der Venus – alles mit wundervollen
Widmungen –ist das nicht göttlich?
Tausend Grüsse S-R

Max Pechstein (1881–1955)

Maler und Modell (Tusche, Ölkreide)

Wilmersdorf bei Berlin 6.5.11

Postkarte an Frl.Dr phil R.Schapire
Hamburg Osterbeckstr.43

Sehr verehrtes Frl.Schapire,
... herzlichsten Dank für Ihre Karte,die ich
bei meiner Rückkehr aus Italien fand
farbige vor (?) und freute mich.Denke
diesen Sommer nach Nidden,oder
Dangast noch mal fahren,was billig (er) im
Juni ist Paris nicht ... schön,ich hoffe mehr
auf ... und grüße bestens als
Ihr M.Pechstein HMP 6.V.1911.

Karl Schmidt-Rottluff (1884–1976)

Kopf in Blau (Blei [?], Ölkreide)

Chemnitz 7.10.19

Postkarte an I H Frl Dr Schapire
bei Frau Emma Goldschmidt
Essen-Bredeney Wiesental 12

*Allen Erfolg in Essen!Das Politische Plakat
schicken wir also nach Hamburg.
Herzlichsten Gruss K.u.E.*

143*

Karl Schmidt-Rottluff (1884–1976)

Tomaten (Tusche, Aquarell)

Jershöft Juli 1921
(nach Schenkungsnotiz von Dr. Rosa
Schapire) Postkarte ohne Briefmarke und
Poststempel, vermutlich im Brief verschickt

Postkarte an I H Frl Dr Schapire
Hamburg

(Anfang unter Klebestreifen) ... *auf die
beiden selbsterbauten.– Falls die Hocker
mit richtigem Schloss und Schlüssel
gewünscht sind – dann das Schlüsselloch
wie beim Schrank!Herzlichste Grüsse!*

144*

Karl Schmidt-Rottluff (1884–1976)

Windmühle (Tusche, Aquarell)

Jershöft 5.7.21
(mit Absenderstempel: Schmidt-Rottluff
Jershöft,Kr.Schlawe i/Pommern)

Postkarte an I H Frl Dr R Schapire
Hamburg Osterbeck 43

*Wir sind sehr neugierig,ob wohl der Kaktus
noch blüht!Hoffentl.ist die Reise gut über-
standen.
Herzlichsten Gruss K.u.E.*

... nicht vergessen (weiterer Text unter
Klebestreifen)

Karl Schmidt-Rottluff (1884–1976)

Kopf mit aufgestütztem Arm
(Tusche, Ölkreide) (vgl. S. 96)

ohne Datum (nach Schenkungsnotiz von
Dr. Rosa Schapire September 1924)

ohne Anschrift

und

Anmerkungen *

17 Urwald. Gemeint ist der Urwald zwischen Zetel und Neuenburg, westlich von Dangast

18 G. Schmidt ist Gertrud (tru, Trude) Schmidt, Schwester von Karl Schmidt-Rottluff

24 Lit.: Stephanie Barron (hrsg.) Skulptur des Expressionismus. München 1984, S. 90, 107 ff

25 „Brücke" beteiligte sich 1911 an der dritten und vierten Ausstellung der „Neuen Sezession„ Berlin.

31 Karl Schmidt-Rottluff heiratete 1918 Emy Frisch

44 „Brücke"-Mappe 1909 von Karl Schmidt-Rottluff.
Lithographie Bildnis Erich Heckel; Lithogr. Berliner Straße in Dresden; Radierung Altdresdener Häuser. Titelholzschnitt von Ernst Ludwig Kirchner, Bildnis Karl Schmidt-Rottluff.

45 Emma Ritter vgl. G. Wietek. Oldenbg. Jahrbuch 1959, S. 1-28.

47 Die Photographin Minja Diez-Duehrkoop erhielt zwischen 1910 und 1929 mehrere Postkarten von Max Pechstein, Erich Heckel, Ernst Ludwig Kirchner und Franz Radziwill. Karl Schmidt-Rottluff schnitt für Sie 1910 ein Exlibirs (Schapire H 3)

49 Ein druckgraphisches Blatt mit dem Titel Apokalypse ist nicht bekannt.

58 Am 18.2.1910 schickte Erich Heckel eine Postkarte „Bogenschießende Mädchen" an Dr. R. Schapire (Verbleib unbekannt). Im Juni 1910 fragte E. L. Kirchner in einem Brief Erich Heckel: „Sag mal, wie geht die Bogenschießerei eigentlich?"

59 Kramermarkt ist ein im Oktober stattfindender Jahrmarkt, vgl. auch S. 104.

69 Vgl. Ölgem. „Drei Frauen am Meer", (Grohmann 262, 290)

74 Hohwacht, Ort an der Ostsee nahe Lütjenburg, nördl. Malente. E. Heckel und Karl Schmidt-Rottluff fanden den Ort im September 1912 auf einer Wanderung nach Fehmarn. Das bewaldete Steilufer findet sich in ihren Arbeiten.

82 Die Mitgliederkarte (Dube 1965) Li. Nr. 145) zeigt ein ähnliches Motiv. Passive Mitglieder zahlten jährlich 12,– Mark, 1912 25,– Mark.

83 „Es ist ein ganz fürstliches Rot auf Deinen Karten, wohl auch Könk?" schrieb Ernst Ludwig Kirchner im Dezember 1909 in einem Brief an Erich Heckel und bat seinerseits um fünf Stifte.

90 „Dangaster Park", (Schapire Li. 68 Motiv mit kleiner Zeichnung angedeutet). Holzschnitte: Schapire 27, 39, 45, alle 1910.

91 Lühe nahe Stade

92 Rottluff nahe Chemnitz. Geburtsort von Karl Schmidt, der sich ab 1905 Schmidt-Rottluff nannte. Ähnlich Emil Hansen, der den in Dänemark sehr häufigen Namen ablegte und sich nach seinem Geburtsort Nolde bei Tondern nannte.

94 Karl Schmidt-Rottluff traf den Maler Franz Radziwill (1895-1983) erstmals im April 1920 anläßlich eines Besuches bei dem Kunsthistoriker Dr. Wilhelm Niemeyer in Hamburg. Radziwill schuf fünf Holzschnitte für die Märzausgabe 1921 der „Kündung". An Dr. Ernst Beyersdorff schrieb Karl Schmidt-Rottluff am 4.9.1921: „Wenn Sie Radziwill aufsuchen, dann bestellen Sie viele Grüße von mir — ich kenne ihn recht gut — er ist ein famoser prächtiger Kerl."

97 Dr. Rosa Schapire sammelte Kakteen. In ihrer Wohnung hatte Karl Schmidt-Rottluff — so berichtete Franz Radziwill — einen Rundbogen als „Kakteenfenster" gestaltet (vgl. S. 142) Gudrun vgl. Ölgemälde 1930 (78 x 66 cm): 1931 (73 x 65 cm).

101 Ernst Ludwig Kirchner schickte mit
   gleichem Datum eine Postkarte an Erich
   Heckel in Dangast mit einem „Russischen
   Tanzpaar" aus dem Dresdener Cafe Central.

107 Nidden an der Kurischen Nehrung.
   Max Pechstein arbeitete hier 1090,
   1911, 1912, 1919, 1920, 1939 (vgl.
   S. 82).

109 Das Motiv „Mäher" taucht um
   1920/1922 häufig in der Druck-
   graphik Franz Radziwills auf und in
   dem Ölgemälde: „Landschaft mit Bauern-
   gehöft bei Dangast (1922)".

110 1910 lernte Erich Heckel die Tänzerin Sidi
   (später Siddi) Riha (Milda Frieda Georgi)
   kennen und bezog mit ihr das Atelier
   Falkenbrück. Am 19.12.1910 schrieb
   E. L. Kirchner an Otto Mueller: „Eine kleine
   Tänzerin besuchte uns." Erich Heckel
   heiratete sie 1915.

113 „Aktion" Kunstzeitschrift, hrsg. von Franz
   Pfemfert vgl. 8/1919, S. 254, 256.

123 Das „Alte Kurhaus", das es noch heute
   nahezu unverändert gibt, wurde damals als
   Ferien- und Kurhotel geführt. Dangast war,
   was wenige wissen, das erste Kurbad an
   der deutschen Nordseeküste.

126 Vgl. „Waldbild", 1921 (Grohmann S. 292)
   Kunsthalle Hamburg

135 Erich Heckel gratuliert zum 35. Geburtstag,
   den Dr. Rosa Schapire im Kurhaus von
   Dangast feiert. Varel ist ein etwas größerer
   Ort in der Nähe, mit Bahnstation, ca. 6 km
   entfernt.

136 Siehe: Annemarie Dube-Heynig. Ernst
   Ludwig Kirchner. Postkarten und Briefe
   an Erich Heckel im Altonaer Museum in
   Hamburg. Hrsg. von Roman Norbert
   Ketterer unter Mitwirkung von Wolfgang
   Henze. Du Mont Buchverlag Köln 1984,
   S. 251, Abb. 42 a.

140 Heckel-Mappe erschien als 6. „Brücke"-
   Mappe 1911 mit Farbholzschnitt Fränzi
   stehend; Radierung Straße am Hafen;
   Lithographie Akte in Waldlichtung.
   Titelholzschnitt von Max Pechstein
   „Knieender weiblicher Akt mit Schale".

141 Richard Dehmel (1863-1920) Lyriker und
   Dichter.

143 Karl Schmidt-Rottluff beteiligt sich am
   „Arbeitsrat für Kunst". Er fordert die Auf-
   lösung der Kunstakademien.

144 Als Dr. Rosa Schapire 1921 die Wohnung
   in der Osterbeckstraße einrichtete,
   übernahm Karl Schmidt-Rottluff die
   Gestaltung. Sämtliche Möbel wurden nach
   seinen Angaben in der Werkstatt von Jack
   Goldschmidt in Hamburg gefertigt, der
   auch zu den Sammlern der Werke Schmidt-
   Rottluffs gehörte. Diese Möbel wurden dann
   farbig gestaltet. Schmidt-Rottluff bestimmte
   auch die „grüne Wandfarbe, das Schwarz
   der Türen und Fensterrahmen sowie die
   Anordnung der — indirekt wirksamen —
   Deckenbeleuchtung". (G. Wietek Dr. phil
   Rosa Schapire. Jahrbuch der Hamburger
   Kunstsammlung, Bd. 9, 1964, S. 134).

Biographie Dr. phil. Rosa Schapire

9. September	1874	als 4. von fünf Schwestern jüdischer Eltern in Brody/Ostgalizien geboren
		Studium in Zürich, Leipzig, Berlin, Heidelberg. Promotion
	1907/8	Dr. Rosa Schapire lernt Emil Nolde kennen. Sie schreibt den ersten Aufsatz über ihn
	1908	Bezug der Wohnung Osterbeckstraße 43 in Hamburg
	1909	Beginn der Sammlung gemalter Postkarten aus dem "Brücke"-Kreis
8. Januar	1911	Dr. Rosa Schapire eröffnet eine Ausstellung mit Werken von Karl Schmidt-Rottluff in der Galerie Commeter, Hamburg
	1916	Gründung: "Frauenbund zur Förderung deutscher bildender Kunst"
	1924	Zu ihrem 50. Geburtstag treffen zahlreiche bemalte Postkarten ein
	1933	Dr. Rosa Schapire schreibt vorwiegend unter Pseudonym
	1939	Emigration nach London. Sie kann die Postkartensammlung mitnehmen
	1941	Ein großer Teil ihrer Sammlung wird versteigert
nach	1945	Fortsetzung des Kontaktes mit den überlebenden "Brücke"-Malern
	1953	Letzte Ausstellungseröffnung
1. Februar	1954	Dr. Rosa Schapire stirbt in der Tate-Gallery, London vor den Gemälden Karl Schmidt-Rottluffs

Nähere Angaben zu Leben und Werk Dr. Rosa Schapire:
G. Wietek: Dr. phil. Rosa Schapire. Jahrbuch der Hamburgischen Kunstsammlungen 9, Hamburg 1964
G. Presler in: ART - Das Kunstmagazin 8/1989

Dangast – ein Ort, der unerkannt Kunstgeschichte machte. Karl Schmidt-Rottluffs heimliche Heimat

Mit ihren bunten Halstüchern und den eigenartigen Pumphosen fielen sie gleich auf, die beiden Maler. Sich so anzuziehen, das war unanständig. Und außerdem stellten sie den Mädchen des Dorfes nach." Die heute 92jährige Frida Gramberg erinnert sich genau. „Als Kinder haben wir gesehen, wie sie ihren Malerkram auspackten und anfingen."
Sie war 14 Jahre alt, als Karl Schmidt-Rottluff (geb. 1. Dezember 1884 in Rottluff bei Chemnitz, gest. 10. August 1976 in Berlin) und Erich Heckel (geb. 31. Juli 1883 in Döbeln/Sachsen, gest. 27. Januar 1970 in Radolfzell) erstmals in Dangast eintrafen. Man schrieb Ende Mai 1907.
„Heute kennt jeder ihre Namen, und die Bilder, die sie hier malten, kosten viele hunderttausend Mark. Aber damals achtete niemand auf sie."
Was sich in den Jahren bis 1912 in dem kleinen Fischerort am Jadebusen unter ihren Händen auf der Leinwand und dem Papier vollzog, sollte später als eine der größten Kühnheiten künstlerischen Bemühens in diesem Jahrhundert gelten. Es mußte etwas Besonderes, ein unberührtes Geheimnis an dieser Stelle der Nordseeküste liegen, wo Land und Meer einander im Wechsel der Gezeiten das weite, graue Watt streitig machen: groß, einfach, unverdorben, voller Leben.

In Dangast begegneten sie einer mächtigen Natur, einer herben Landschaft mit unendlichem Himmel. Sie erlebten eine Baumblüte, kurz, heftig, überquellend und die in Stürmen tobende See, welche die Deiche zernagte und die Menschen daran erinnerte, wie klein sie doch sind.
Oft sind Gästebücher mit ihren nüchternen Eintragungen rare Dokumente. Am 28. Mai 1909 reiste „Frl. Dr. Schapire" von Hamburg nach Varel, einer kleinen Bahnstation zwischen Oldenburg und Wilhelmshaven. Der Bauer und Fuhrmann Heinrich Gröning aus Dangast stand schon bereit, das Gepäck unter dem Kutschbock seines pferdebespannten „Omnibus" zu verstauen. Das Fräulein Doktor, seinen einzigen Fahrgast, kannte er vom vergangenen August. Diesmal kam sie früher. Die Saison begann am 15. Juni und dauerte bis zum 15. September. Wenn jemand schon jetzt anreiste, dann mußte das einen besonderen Grund haben.
Carl Gramberg begrüßte sie am Kurhaus, wie immer korrekt gekleidet, mit Gehrock und steifem Hut. In seinem „Badeetablissement, direkt am Strand des Jadebusens gelegen, dem im romantischen Style ausgeführten Konversationshaus mit offener und geschlossener Veranda, den beiden Logierhäusern und dem Warmbadehaus, in welchem heiße, gesundheitsfördernde Meerwasser- und Schlammbäder gegeben wurden", blieb er seinen etwa 370 Gästen pro Saisons nichts schuldig; Bankdirektoren, Professoren, Gerichtspräsidenten, Ärzten und begüterten Rentiers, die die Vorzüge des „ältesten unter den deutschen Nordsee-

bädern" zu schätzen wußten. Bei einem Pensionspreis von 6 Mark gab es drei herzhafte, zuweilen sogar erlesene Mahlzeiten. Extra bezahlt werden mußte der Wein, 6000 Flaschen, die, mit „Namensschildchen" versehen, auf jeden Tisch gehörten.

Tage zuvor hatte Heinrich Gröning einen weniger noblen und zahlungskräftigen Gast vom Vareler Bahnhof abgeholt. Er war 24 Jahre alt, trug einen kleinen Spitzbart und hatte nicht viel Gepäck bei sich: drei Hemden, zwei Anzüge, eine dreibeinige „Staffette". Wie in den Jahren zuvor wollte Karl Schmidt-Rottluff den Sommer über in Dangst malen. Die Dorfbewohner mochten ihn, weil er versuchte, „platt" zu sprechen. Auch trug er inzwischen wie sie Holzschuhe.

„Er wohnte in Dangastermoor. Das war billiger", berichtet Willy Gröning, Nachfolger seines Vaters auf dem Kutschbock und heute 85 Jahre alt. „In Dangast war damals nichts los. Aber die Maler hatten trotzdem nie Langeweile. Sie fuhren überall mit dem Fahrrad hin, bauten ihre Staffelei auf. 1908 hat Schmidt-Rottluff meinen Vater gemalt. Aber das Bild ist schon lange verschwunden. Unser Haus hat er auch gemalt. Das habe ich selbst gesehen. Es dauerte mehrere Tage. Er kam morgens zwischen acht und neun Uhr und arbeitete, bis die Sonne unterging. Schwarzbrot mit Schinken hatte er dabei und Kaffee bekam er von uns. Aber weswegen die Maler ausgerechnet nach Dangast kamen, das weiß ich nicht. Wir Kinder fanden die Bilder scheußlich."

Dann ereignete sich 1909 ein Zwischenfall, an dem das ganze Dorf Anteil nahm.

In der Gastwirtschaft Kracke in Dangastermoor brach ein Brand aus. Schmidt-Rotluff verlor achtzig Bilder. Es ist nicht auszuschließen, daß Rosa Schapire, die als eine der ersten Frauen im Fach Kunstgeschichte eine Doktorarbeit schrieb, deshalb kam. Seit 1906 förderte sie ihn, wo sie nur konnte, kämpfte, stritt für seine Anerkennung. Sie schien zu spüren, daß hier ein ungeheurer Gestaltungswille geradezu herrisch alles Hinderliche beiseite schob, um frei und ungezügelt von allen Vorschriften und Einengungen Malerei in ein Erlebnis zu verwandeln.

Karl Schmidt-Rotluff sprach schon 1907 vom „Rhytmus der Farben", und später, 1908, schrieb er der Sammlerin Luise Schiefler: „Ich hoffe, daß mir der Sommer die Freiheit bringt von all dem Kleinen und Widerlichen, das einen hemmt."

Es war eine neue, unerhörte Kunst, die mit den Gesetzen der Akademie brach: Karl Schmidt-Rotluff hatte nie ihre Zeichensäle besucht, nie ihre „geheiligten Hallen" betreten. Architekt wollte er werden, Baumeister, bis er mit Erich Heckel, Ernst Ludwig Kirchner und Fritz Bleyl 1905 an der Technischen Hochschule in Dresden die Künstlergemeinschaft „Brücke" gründete und sich ganz der Malerei verschrieb.

Seit 1909 berichtete er Dr. Schapire auf Postkarten von all seinen Plänen, und zur Verdeutlichung zeichnete er mit raschen Strichen und wenigen Farben, was ihn zu Ölbildern und Aquarellen, Radierungen, Holzschnitten und Lithographien, Schmuckgegenständen, Holzarbeiten und Schriftentwürfen reizte. Einige frühe

Sammler erhielten ebenfalls solche Mitteilungen, heute kostbare Zeugnisse. In Dresden, Hamburg und Berlin wäre der Großstadtmensch Karl Schmidt-Rotluff wohl niemals jene „merkwürdig bewußte, der Natur gegenüber von feierlichem Ernst beseelte Persönlichkeit" geworden, als die ihn der Oldenburger Jurist und Sammler Ernst Beyersdorff beschrieb. Zunächst hatte er sich in seiner Malweise noch nach französischen und niederländischen Vorbildern gerichtet. In Dangast lernte er eine Landschaft kennen, die in großen, übersichtlichen Flächen das Gefühl von Weite vermittelte. Derselben Größe und Wucht begegnete er in den stillen, silbrig-grau schimmernden Watten, den in langen Linien sich hinschwingenden Deichen. Moore und Marschen verstärkten den Eindruck räumlicher Tiefe unter einem unendlichen Himmel; geduckt die Häuser, umgeben von schützenden Bäumen.

„Unmittelbar und unverfälscht", wie das „Brücke"-Manifest es forderte, setzte sich Karl Schmidt-Rotluff diesen Urgewalten aus. Niemals zuvor drang die „harte Luft der Nordsee", wie Ernst Ludwig Kirchner sagte, so befreiend in das ein, was ein Maler hervorbrachte. Karl Schmidt-Rotluff bildete nicht ab, kopierte nicht, was er sah. Er setzte vielmehr frei, er entließ in Farben von bis dahin nicht gekannter Leuchtkraft und Formen von bisher nicht gewagter Einfachheit, was er im Innersten empfand.

„Von mir weiß ich, daß ich kein Programm habe, nur die unerklärliche Sehnsucht, das zu fassen, was ich sehe und fühle, und dafür den reinsten Ausdruck zu finden." Zum Beispiel in „Windiger Tag", 1907, „Blühende Bäume", 1907, „Das blaue Haus", 1907, „Oldenburgische Landschaft", 1909, „Bauerngarten", 1910, „Grambergsche Häuser", 1910, „Roter Giebel", 1911, und den Porträts von Rosa Schapire.

Was er malte, das läßt sich noch heute finden. Aber wie er es malte, das blieb ihm vorbehalten. Das Bild „Deichdurchbruch", 1910, zeigt einen alten Deich „durchbrochen", damit das Vieh im neugewonnenen Vorland weiden kann. Für Karl Schmidt-Rottluff beherrscht ein ungebrochenes Rot fast die gesamte Fläche; kleinere Bildabschnitte in Blau und Grün. Wenige schwarze Linien unterteilen nicht, sie erhöhen noch die Raumwirkung. „Es ist unglaublich, wie stark man die Farben hier findet, eine Intensität, wie sie kein Pigment hat, fast zu scharf für die Augen. Dabei sind die Farbenakkorde von großer Einfachheit. Malen kann hier eigentlich nur heißen: Verzicht leisten vor der Natur und es an der richtigen Stelle tun ist vielleicht eine Definition für Kunst", schrieb er 1909 an den Sammler Gustav Schiefler.

Ein merkwürdiges Gebäude beschäftigte ihn mehrfach, eine Kuriosität im sonst eher ärmlichen Dangast. Der Kaufmann Wilhelm Wobick hatte Ende des 19. Jahrhunderts die „Villa Irmenfried" erworben. Um von dort aus in Richtung Norden auf das Wattenmeer sehen zu können, ließ er einen hölzernen Turm errichten, von dessen Balustrade er den ersehnten Blick genießen konnte. 1926 riß man das morsch gewordene Monstrum ab. Aber in zwei Ölbildern, einem Aquarell und drei Holzschnitten hat das „Strandschloß über Land und Meer, klein, aber mein", wie eine Inschrift noch heute betont, die Zeiten überdauert.

Die Dangaster sind sehr stolz auf den unvergessenen Wobicksturm, und wenn der „Hullmannsche Klare" die Kehlen öffnet, dann singen sie: „Um einen Eiffelturm zu sehen, braucht man nicht nach Paris zu gehen. Vorm Wobicksturm muß er verschwinden."

Um immer zugegen sind auch jener Brand von 1909 und das Schicksal der achtzig Bilder. Sind sie wirklich verbrannt? Geschichten ranken; geheimnisvolles Getuschel. Im I.Weltkrieg soll Karl Schmidt-Rottluff, als er einberufen wurde, wiederum „nicht wenige Bilder", wie Willy Gröning andeutete, auf dem Dachboden des Gasthofes Kracke untergestellt haben. Dann verfügte ein Erlaß, alle Speicher und Böden müßten wegen der englischen Brandbomben „entrümpelt" werden. Gastwirt Kracke bekam es mit der Angst und vergrub die anvertrauten Leinwände in seinem Garten. Viele Jahre später ging ein Hamburger Kunsthistoriker den verwischten Spuren nach – und fand Reste alter Rahmen; von den Leinwänden keine Spur.

Und noch eine dritte Geschichte hält sich hartnäckig. Emma Ritter, eine Malerin aus dem nahen Oldenburg, schloß sich Schmidt-Rottluff in den drei Sommern von 1910 bis 1912 an. Sie berichtet in ihren Erinnerungen davon, wie dieser „eine dicke Rolle" mit Leinwänden „bei Ebbe ins Tief warf – mit der Flut aber kam sie wieder ans Land. Sie sollte wohl aus seinem Geschaffenen verschwinden." Vielleicht sollen diese Geschichten erklären, weshalb von den vielen Dangaster Bildern nur etwa zwanzig erhalten blieben.

Das „Ereignis" Dangast wirkte in Karl Schmidt-Rottluff zeitlebens nach. Noch Jahre später erinnert er sich fast wehmütig. „Es ist eigentümlich, wie starke, und ich möchte behaupten, heimatliche Gefühle mich mit dem Oldenburger Land verbinden – nicht mit meiner eigentlichen Heimat habe ich solchen inneren Zusammenhang", schrieb er am 4. September 1921 an Ernst Beyersdorff. Seinem „Nachfolger" Franz Radziwill, den er veranlaßte, sich 1922 in Dangast niederzulassen, gestand er auf einer der für ihn typischen „Künstler-Postkarten": Lieber Radziwill, das Wahrzeichen von D. wird also umgebaut, ich kriegte Heimweh nach Dangast. Gruß Ihr S. R."

Heute spürt man nur noch außerhalb der „Saison" die Stimmung, aus der heraus hier ein Kapitel der Kunstgeschichte geschrieben wurde.

Inzwischen gedachten die Dangaster ihres früheren Sommergastes. Im Neubaugebiet trägt eine Straße seinen Namen.

Gerd Presler (1985 „Ambiente.")

Chronologie einer Korrespondenz (Postkarten: insgesamt 118)

Erich Heckel
an Dr. phil. Rosa Schapire
(23 Postkarten)

9. 9. 09	TA	S. 135
9. 9. 09	HK	S. 82
11. 9. 09	ML	S. 102
13. 9. 09	KM	S. 17
21. 9. 09	HK	S. 83
29. 9. 09	KM	S. 20
2. 10. 09	AM	S. 58
7. 10. 09	AM	S. 59
8. 11. 09	ML	S. 104
18. 12. 09	BB	S. 38
26. 12. 09	HK	S. 84
9. 1. 10	KM	S. 22
9. 1. 10	AM	S. 61
16. 2. 10	BB	S. 39
18. 2. 10	TA	S. 136
2. 3. 10	HK	S. 86
22. 3. 10	KM	S. 23
14. 6. 10	AM	S. 062
22. 6. 10	BB	S. 40
2. 9. 10	AM	S. 66
1. 12. 10	KM	S. 24
31. 12. 10	ML	S. 111
25. 1. 11	BB	S. 46

Ernst Ludwig Kirchner
an Dr. phil. Rosa Schapire
(7 Postkarten)

10. 9. 09	ML	S. 102
19. 10. 09	ML	S. 103
Febr. 10	HK	S. 85
29. 10. 10	HK	S. 88
2. 11. 10	ML	S. 110
10. 02. 11	TA	S. 140
26. 2. 11	KM	S. 25

Max Pechstein
an Dr. phil. Rosa Schapire
(15 Postkarten)

11. 3. 09	BB	S. 36
09. 4. 09	HK	S. 80
1. 05. 09	AM	S. 54
11. 05. 09	KM	S. 16
27. 05. 09	ML	S. 100
11. 05. 09	AM	S. 55
22. 07. 09	HK	S. 81
23. 02. 10	ML	S. 105
20. 05. 10	TA	S. 138
25. 6. 10	ML	S. 107
17. 7. 10	BB	S. 43
6. 5. 11	TA	S. 142
2. 5. 19	BB	S. 47
18. 5. 19	HK	S. 91
29. 12. 50	AM	S. 77

Karl Schmidt-Rotluff
an Dr. phil. Rosa Schapire
(73 Postkarten)

9. 9. 09	BB	S. 37
9. 9. 09	AM	S. 56
9. 9. 09	AM	S. 57
Sept. 09	TA	S. 134
17. 9. 09	KM	S. 18
27. 9. 09	KM	S. 19
15. 10. 09	LM	S. 122
26. 10. 09	KM	S. 21
30. 10. 09	AM	S. 60
27. 2. 10	TA	S. 137
22. 6. 10	AM	S. 63
23. 6. 10	ML	S. 106
24. 6. 10	AM	S. 64
25. 6. 10	AM	S. 65
27. 6. 10	BB	S. 41
29. 6. 10	TA	S. 139
30. 6. 10	HK	S. 87
3. 7. 10	ML	S. 108
6. 7. 10	BB	S. 42
21. 7. 10	ML	S. 109
20. 8. 10	BB	S. 44
21. 8. 10	LM	S. 123
17. 9. 10	BB	S. 45
März 11	HK	S. 89
14. 3. 11.	TA	S. 141
27. 3. 11	KM	S. 26
13. 4. 11	ML	S. 112
22. 4. 11	HK	S. 90
26. 6. 13	MI	S. 113
25. 8. 13	AM	S. 67
19. 7. 19	AM	S. 68
22. 7. 19	AM	S. 69
28. 7. 19	AM	S. 70
1. 8. 19	AM	S. 71
2. 8. 19	AM	S. 72
29. 8. 19	AM	S. 73
2. 9. 19	BB	S. 49
7. 9. 19	AM	S. 74
8. 9. 19	AM	S. 75
6. 10. 19	KM	S. 27
7. 10. 19	TA	S. 143
24. 10. 19	BB	S. 49
19	LM	S. 124
13. 2. 20	ML	S. 114
14. 2. 20	KM	S. 28
12. 7. 20	BB	S. 50
16. 7. 20	LM	S. 125
8. 20	KM	S. 29
23. 3. 21	KM	S. 30
2. 4. 21	HK	S. 92
14. 5. 21	AM	S. 76
7. 21	TA	S. 144
5. 7. 21	TA	S. 145
13. 7. 21	HK	S. 93
18. 7. 21	KM	S. 31
10. 8. 21	HK	S. 94
21	LM	S. 126

17. 8. 21	LM	S. 127
30. 12. 21	LM	S. 128
25. 7. 22	ML	S. 115
Sept. 23	HK	S. 95
9. 9. 24	LM	S. 129
9. 9. 24	LM	S. 130
9. 9. 24	LM	S. 131
9. 9. 24	ML	S. 116
9. 9. 24	ML	S. 117
Sept. 24	HK	S. 96
Sept. 24	TA	S. 146
4. 8. 31	HK	S. 97
4. 9. 31	BB	S. 51
6. 9. 31	ML	S. 119
9. 9. 31	KM	S. 32

Kunsthalle Mannheim	KM
Brücke-Museum Berlin	BB
Altonaer Museum	AM
Hamburger Kunsthalle	HK
Museum Ludwig Köln	ML
Leicestershire Museums	LM
Tel Aviv Museum	TA

Tabellen, Übersichten sind meistens langweilig. Hier nicht! Dr. Rosa Schapire erhielt aus dem Kreis der vier Brücke-Maler insgesamt 118 Postkarten; davon schrieb Karl Schmidt-Rottluff allein 73, Erich Heckel 23, Max Pechstein 15, Ernst Ludwig Kirchner 7.

Während Erich Heckel und Ernst Ludwig Kirchner nur ein gutes Jahr — zwischen September 1909 und Februar 1911 — gemalte Postkartengrüße an sie schickten, setzte Max Pechstein diese Tradition 1919 mit zwei Zusendungen fort und griff 1950 noch ein letztes Mal zu Feder und Tusche. Ganz anders Karl Schmidt-Rottluff. Er pflegte diesen besondern Kontakt — mit Unterbrechungen 1914-18, 1925-30 — über einen Zeitraum von mehr als 20 Jahren: Beginnend mit dreifachem Geburtstagswunsch zum 35. Geburtstag Dr. Rosa Schapires am 9. 9. 09, tragen die beiden letzten Karten das Datum 9. 9. 31, ihr 57. Geburtstag.

Es fällt auf, daß das Museum in Leicester nur Postkarten von Karl Schmidt-Rottluff erhielt; das Brücke-Museum Berlin und das Museum in Altona keine von Ernst Ludwig Kirchner. Dr. Rosa Schapire hat sich bemüht, sinnvoll aufzuteilen. So ließ sie z. B. eine ganze „Suite" von Postkarten beieinander (S. 68-76).

Ob mit diesen hier erstmals wieder vereinten 118 Postkarten alle erfaßt sind, die sie erhielt, ist nicht sicher. Es gibt Hinweise, daß sie zu Lebzeiten einige verschenkt hat.

Namensregister

Über den Autor:
Prof. Dr. Gerd Presler, geboren 1937 in
Hannover, studierte an den Universitäten
Münster / Westf., Berlin, Kopenhagen
Germanistik, Pädagogik, Philosophie,
Kunstgeschichte, Theologie. Promotion Dr.
theol. 1970. Seit 1972 Professor in Karls-
ruhe. Veröffentlichungen: „Art brut – Kunst
zwischen Genialität und Wahnsinn".
DuMont TB 111, 1981; „Martin Luther King".
Rowohlt TB 333; Aufsätze zu Themen der
Kunstgeschichte in „Weltkunst";
„die Kunst"; „Artis"; „Ambiente"; „Schöner
wohnen"; „ART"; „FAZ - Magazin".